François Bégaudeau · Der Tag, an dem Mick Jagger starb

1

2

François Bégaudeau

Der Tag, an dem Mick Jagger starb

rockbuch

4

Man hat euch erzählt, dass Mick Jagger klein angefangen hat. Dass er am 26. Juli 1943 in Dartford in der Grafschaft Kent als Michael Philip im Sternzeichen Löwe Aszendent Jungfrau geboren und von einer Mutter namens Eva zur Welt gebracht wurde. Dass er mit Dreizehn zusammen mit seinem Vater in einer Fernsehsendung auftrat. Dass er sich in der Schule mal auf die Zunge gebissen hat, vier Tage lang nicht mehr sprechen konnte, und so zu seiner Stimme gekommen ist. Dass er Erdbeereis mochte. Schon als ganz Kleiner. Dass er nachts geschlafen hat und tagsüber höchst lebendig war. Dass er den Mädchen gefiel – ihnen nicht gefiel – ihnen ein bisschen gefiel. Schon als ganz Kleiner. Dass er in seiner glücklichen oder unglücklichen geschichtslosen Kindheit durch eine schwerelose Nachkriegszeit tollte oder im Schlick des Kalten Krieges steckenblieb.

Man hat euch belogen.

Man hat euch auch gesagt, dass Mick Jagger noch immer der Sänger der Rolling Stones ist. Die in den größten Stadien aller fünf Kontinente Konzerte geben. Die mit ihrer ewigen Jugend und unveränderten Form die Massen, vor denen sie sich produzieren, zum Staunen bringen. Die auch noch Alben machen, und zwar nicht nur schlechte. Dass Keith Richard und Mick Jagger sich zerstritten, versöhnt, wieder zerstritten und wieder versöhnt haben, und dass der verdammte Rock'n'Roll den Funken immer wieder neu entfacht. Dass auch nach vierzig Jahre Bühne die Leidenschaft nicht nachgelassen hat. Dass Mick Jagger immer noch lebt.

Noch eine Lüge.

Die Wahrheit ist, dass Mick Jagger 1960 geboren und 1969 gestorben ist. Geboren im Frühjahr 1960, gestorben am 6. Dezember 1969. Genau so, das ist datiert, das ist belegt, das kann man in meinen Registern überprüfen. Ihr wusstet das nicht, aber ich weiß es. Über Mick Jagger weiß ich alles. Dafür musste ich keine Bücher lesen, keine Archive durchstöbern, keine Kataster entstauben, keine Reliquien ausbuddeln. Ich weiß trotzdem alles.

Vor allem, dass er 1960 geboren und 1969 gestorben ist. Und ich werde sagen wie.

Wie er lebte und wie er starb.

Mick ist nie Kind gewesen. Mick hat nie gezahnt, mit Murmeln gespielt oder heimlich hinter einem Wartehäuschen geraucht. Er hat nie Baumwolle gepflückt oder auf einem Pferd gesessen, er hatte nie Kohlenstaub unter den Fingernägeln, aber auch keine diamantenbesetzte Nagelfeile. Er kam weder mit einem Silber- noch mit einem Plastiklöffel im Mund zur Welt. Er kam nirgendwoher. Im Frühjahr 1960 wurde er neu geboren. Unbedarft wie einer, der sein Gedächtnis verloren hat. Neugeboren mit siebzehn. Solche Sachen passieren, es gibt ja die seltsamsten Phänomene, man hat schon Affen über Menschen lachen gesehen, Regenbögen, die sich in sieben Farben über den Himmel spannen, ja sogar Zebras mit Streifen – schwarz auf weiß oder weiß auf schwarz? Mick wurde mit siebzehn geboren, tatsächlich in Dartford, südöstliche Londoner Vorstadt, darin hat man euch nicht belogen – nur eben gleich mit siebzehn, das hat man euch nicht gesagt, aber das sage ich euch.

Mit siebzehn geboren, mit sechsundzwanzig gestorben. Eines natürlichen Todes, doch, doch. Es gab zwar eine Art Unfall, Zwischenfall, Ereignis oder Drama. Dass es am 9. Dezember 1969 geschah, ist nur folgerichtig. Der Mörder war der willfährige Vollstrecker eines Gesetzes, nach dem ein Rocksänger nicht länger als sieben, maximal acht Jahre durchhält. Das ist weder romantischer Mythos noch Jugendkult – ich spreche hier vom materialistischsten Künstler des Jahrhunderts – das ist die Natur der Dinge. Wie die Punks schon in ihren Anfängen ganz richtig sagten: „No Rolling Stones in 1977." Das war eine Feststellung, keine Hoffnung, wie man vielleicht meinen könnte. Clash und Konsorten riefen auch nicht dazu auf, die Rolling Stones vom Planeten zu fegen, sondern konstatierten einfach, dass das, was einmal die größte Band der Welt war, nicht mehr existierte. Punkt. Mick war acht Jahre zuvor an einem Dezemberabend in Kalifornien gestorben. Die Punks wussten das. Und warnten: Kauft nicht die letzte Platte, sie ist nicht von ihnen, geht in kein Stones-Konzert, denn es sind nicht sie selbst.

Sie sind tot.

Es war genug Zeit, seit ich 1978 auf die Stones aufmerksam wurde, genug Zeit, seit ich sie im November 1986 zum ersten Mal hören wollte. Hundertmal hätte ich hingehen können, mit einem Camcorder, später mit einer kleinen Digicam, hundertmal hätte ich ihre kleinen bunten Gestalten in hundert Meter Entfernung auf einem Bühnendampfer herumhopsen sehen können und mich dabei hundertmal in den Hintern beißen können, dass ich zu spät gekommen bin, weil ich zwei Jahre nach Micks Tod geboren wurde und ihn nicht zu Lebzeiten kannte. Aber ich habe es nie getan. Weil sie Verräter sind? In die Jahre und heruntergekommen, gestürzte Könige, traurige alte Clowns? Nein, solche Vorwürfe sind Peanuts, Seelentrost für melancholische Paviane. Es ist viel schlimmer. Einerseits schlimmer, andererseits wieder nicht. Es ist einfach nicht mehr dieselbe Band.

Nicht mehr derselbe Körper.

Vielleicht könnte ich mich für diese Sechzigjährigen begeistern, die sich Rolling Stones nennen lassen und im idolatrischen Blitzlichtgewitter Olympiastadien füllen. Nein, lieber nicht. Eine Rockgruppe besteht aus jungen Menschen, das ist so, per definitionem. Weil Rockmusiker schön sein müssen? Das ist jedenfalls kein Ausschlussgrund. Weil Rock nach gesundheitsstrotzenden Zellen schreit? Dann wäre Mick, der schmucke Bock, noch immer mit von der Partie. Nein, Rock kann nur von im Werden begriffenen, unfertigen, unvollkommenen, zappelnden Körpern ausgehen, nervösen Welpen, die zu allem bereit sind und sich hungrig auf das Material, auf das Leben stürzen, kleinen Schlangen, die alles verschlingen und sämtliche Kröten schlucken, von ihnen lebt unsere Welt. Ohne die wechselseitige Vervollkommnung von Welt und jungen Körpern

findet Rock nicht statt.

Mick wurde auf einem Bahnhof geboren, an einem Nicht-Ort, und von niemandem. Vielmehr wurde er geboren, weil er einem anderen das Leben schenkte, der ihn gebar – zur gleichen Zeit und am gleichen Ort. Von einer Sekunde auf die andere stehen auf dem Bahnsteig zwei Geschöpfe, beide siebzehn Jahre alt, kein Geschrei, kein Weinen, keine Nabelschnur zu durchtrennen. Und als Bonus sind beide sogar schon angezogen: enge Hosen, nüchterne Farben damals, keine Fanfaren, ein leiser Anfang. Lautlos landen die beiden Vögel, die keinem Ei entschlüpft sind, auf dem Bahnsteig. Und jeder nennt den anderen beim Namen. Sie haben einander getauft, in simultanen Sprechakten. Einer sagte Keith, und der andere hieß Keith, der andere sagte Mick und der eine hieß Mick. Mick Jagger, Keith Richard. Gegenseitige Erzeuger, kreuzweise Väter, einander Schöpfer und Geschöpfe. Später sprach Keith einmal von Brüdern, die zufällig verschiedene Eltern hätten. Was zeigt, dass sie sich nur halb des Wunders ihrer Existenz bewusst waren, denn von Eltern, auch von verschiedenen, ist in dieser Geschichte nicht die Rede.

Nicht von Vätern, aber doch von Dritten. Zwei funktionieren nur mit einem Dritten, weil sie sich sonst im Weißen der Augen des anderen verlieren und in die Blödigkeit der Symbiose versinken. Sie brauchten einen Dritten, um die Maschinerie der Dialektik in Gang zu setzen, einen, der ausstieg und den Motor ankurbelte, damit die beiden im Bahnhof zur Welt Gekommenen das Jahrzehnt entzweien und von ihm entzweit werden konnten. An diesem Frühlingstag – es konnte ja nur ein Frühlingstag sein – an diesem Frühlingstag des Jahres 1960 – es konnte auch nur 1960 sein – an diesem Tag waren nicht nur Mick und Keith auf dem

Bahnhof von Dartford in der südöstlichen Londoner Vorstadt; da waren auch Chuck (Berry), Muddy (Waters) und Little (Richard). Nicht persönlich anwesend, aber so gut wie, auf Platten, 78er Vinyl, was man damals eben so hatte. Hätte Mick die nicht unterm Arm gehabt, hätte Keith nicht gewusst, was er zu ihm sagen sollte, nachdem er ihm seinen Namen gegeben hatte, und sie hätten sich stundenlang nur angesehen und wären dort auf dem Bahnsteig an diesem Schweigen gestorben, und nichts wäre losgegangen. So aber kamen sie ins Gespräch, so wurde man zu Freunden. „Sind das deine?", fragte Keith, und Mick sagte: „Ich weiß nicht, jedenfalls habe ich sie unterm Arm." Keith sagte: „Lass uns einen Plattenspieler finden, um sie anzuhören." Mick sagte: „Ja, das machen wir." Sie haben einen Plattenspieler gefunden und sie sich angehört und sich gesagt, das machen wir auch, den Blues nachspielen und Rhythmus dazu. Du spielst Gitarre ich singe – ich spiele Gitarre du singst.

Zu zweit können wir alles.

Rock läuft zu zweit. Eigentlich ja mit mehreren, darauf komme ich noch zurück, aber zwei sind das Minimum. Das ist bewiesen.

Dafür gibt es genug Beispiele: Lennon-McCartney, Plant-Page, Strummer-Jones, Doherty-Barat. Die größten Rockmaschinen beruhen auf einem unzertrennlichen Doppel, wobei es immer ein Rätsel bleibt, wer was macht, das ist Alchemie. Bei Mick und Keith weiß man nie genau, wer beginnt, wer aufhört, wer den Impuls gibt, wer arrangiert, wer forciert, wer formt, wer die Melodie und wer den Rhythmus macht. Die Texte, soviel ist sicher, sind fast alle von Mick, aber die Texte sind ein Witz. Über das Wesentliche, das Bumm-tschak, Bing-Bing, den Swing, kann man nur spekulieren. Mick ist der Mondäne, Keith der Authentische. Mick der Rhythmus, Keith der Blues, Mick die Oberfläche, Keith die Tiefe. Das ist die offizielle Rollenverteilung, und die zweifelhaften Absichten dabei wollen wir lieber nicht hinterfragen. Der Rest ist ein Mysterium (ein unmöglicher Begriff), das Mick und Keith mit ins Grab genommen haben. Aber sie hätten es auch zu Lebzeiten nicht erklären können. Nanker Phelge, so firmieren sie anfangs, ein Name für zwei. Aber auch so bilden ihre Vornamen eine Einheit, Mick/Keith, bei der das Ende des einen das Initial des anderen ist. Daraus entstand 1960 etwas, das sich 1962 zur *Greatest Rock 'n' Roll Band in the World* auswachsen sollte.

Die größte Rockband der Welt.

1968 filmt der größte Regisseur der Welt die größte Band der Welt, wie sie den größten Song der Welt aufnimmt. Der Film heißt *One + One*, es ist der größte Film der Welt, ihr habt ihn nicht gesehen, also muss ich alles erzählen. Die erste Stunde ist vorbei, Mick ist allein, von Trennwänden umstellt, und bereit, die Gesangsspur aufzunehmen. Musik im Kopfhörer, aber Percussion live, für den Zuschauer hörbar, nicht für euch. Mick singt die erste Strophe, nicht die Version, die ich 1987 entdeckt habe, noch nicht dieses unvergleichliche Skandieren. Nun schwenkt die Kamera von dem allmählich in Fahrt kommenden Sänger hinter die Trennwand, wo sieben Körper im Kreis um ein hängendes Mikro gruppiert sind. Einer von ihnen scheint ausschließlich auf die Partitur zu achten, die aus dem Gesang hinter der Trennwand entsteht. Er beginnt unter dem Mikro hin und her zu laufen, mit gesenktem Kopf auf den Punkt konzentriert, an dem es losgeht, und da geht es schon los, zu Beginn der zweiten Strophe, er nimmt mit den Armen Schwung, wirft sie nach vorn, und alle machen Hu-Hu. Dieser Typ ist Keith. Mick kann sich völlig auf den Gesang konzentrieren. Er weiß, dass Keith dort, wo er ist, das tut, was getan werden muss, dass er die Anweisungen gibt, die beide sich ausgedacht haben – denn auch Alchemie will geplant sein – den anderen eingibt, Hu-Hu, ein schaurig erhabener Chor. One Mick + One Keith.

Das ist noch nicht alles.

Was da im Studio geschieht, knüpft nicht nur an sich selbst an, hängt nicht nur mit sich selbst zusammen, schöpft seinen Schwung nicht nur aus sich selbst. Die Energie, die davon ausgeht, kommt von außen. Godard hat in die Aufnahmesessions eine Sprayerin beim Verzieren von Londoner Hauswänden oder schwarze Revolutionäre beim Skandieren ihrer Reden hineingeschnitten, weil er spürte und sein Publikum spüren ließ, dass das, was zwischen diesen akustischen Wänden gespielt wird, in direktem Einklang mit der Bewegung der Welt steht. Dass der rasende Samba von *Sympathy for The Devil*, dem besten Song der Welt, im Takt mit dem irren Rhythmus der Sechziger ist. One + One + die Welt, das ist die Formel, die sich im Laufe des kurzen Lebens von Mick Jagger erfüllt.

Der Bahnhof, in dem Keith und Mick zur Welt kommen, ist mehr als ein Rahmen, mehr als ein einfacher Bildhintergrund, sonst müsste man ihn sich verlassen vorstellen, einen stillgelegten Bahnhof, wie er nach der melancholischen Wende des Rock unter morbiden Fotografen und als Plattencover so beliebt war. Beleben wir das Klischee, dann sehen wir den Bahnhof von Dartford an jenem Frühlingstag des Jahres 1960 voller Leben, ja Gedrängel, tosend von tausend Schritten, tausend Farben, tausend Hosen und ebenso vielen Röcken, von tausend angeleinten und ebenso vielen streunenden Hunden. Und dann, dem Ganzen entsprungen, Mick und Keith. Die Essenz dieser Menge. Genauso war es, ich war dabei. Eine Menge, die durch ihre bloße Gegenwart, ihre bloße Existenz als Menge zwei überzählige Körper gebar. Und umgekehrt. Mick und Keith zuerst, Little (Richard) und Chuck (Berry) und Muddy (Waters) unterm Arm, sie sprechen miteinander, sie sagen, lass uns eine Ecke finden, um uns das anzuhören, um es nachzuspielen, du bist die Gitarre ich der Gesang, und dann füllt sich nur durch die Tatsache dieser Verfügung der Bahnhof mit noch mehr Menschen, Lärm, Hosen, Hunden. Das läuft in beide Richtungen

und umgekehrt.

Das ist die eigentliche Dialektik. Weniger die zwischen Mick und Keith als die zwischen den beiden und der Menge. Vor allem zwischen Mick und der Menge, denn Keith ist tiefgründiger, verschlossener, in sich gekehrter, er hält sich immer ein wenig im Hintergrund der Bühne und drischt mit der rechten Hand die Saiten. Mick ist total exponiert, am vordersten Bühnenrand wehrt er dem Ansturm der Menge mit dem mikrofreien Arm und hat doch nur Augen für sie, die nur Augen für ihn hat. Sie sehen sich an, sie sprechen miteinander, zwischen ihnen spielt es sich ab, zwischen ihnen fließt der Strom, und der Klang ist der Körper, der dieses Hin und Her leitet. Die Menge hat Mick gemacht, und er hat sie gemacht. Zehn Jahre erfand Mick die Menge, die ihn erfand. Das ging crescendo, die Musik fuhr linear hoch, eine Welle baute sich auf, stieg und stieg, Schaum auf den Lippen, stieg und stieg, und eines Tages teilte sich das Meer, und Mick und die Menge waren auf verschiedenen Seiten, steuerten zu unterschiedlichen Inseln, und Mick ist daran gestorben, die sich selbst überlassene Menge verlief sich,

und ich werde sagen wie und warum.

1960–1969, das sind Micks Daten, in seinen Grabstein gemeißelt, der keine Inschrift trägt. Völlig synchron mit dem Jahrzehnt, als wäre es Absicht gewesen, den Sechzigern – man kann es nicht oft genug betonen. Was für eine einzigartige Komposition. Der Deal zwischen Mick und der Menge hat die Epoche erzeugt – und die Epoche war dazu prädestiniert, so voller zwanzigjähriger Körper und für alle Anregungen offen, Beine breit und zeugungsbereit. Begehren lag in der Luft, das heißt, das Gegenteil von Angst. Begehren heißt einen Riesenhunger nach dem Anderen haben. Rumkommen, miteinander sprechen, zuhören, streicheln, sich reiben, schlagen, stoßen, ineinander gleiten. Die Sechziger sind ein kollektives Meisterwerk, eine große Gruppenarabeske, deren Bestes und Schlechtestes die Welt lenken. Alle haben Mick schön wie einen Gott gemacht, alle haben in der kalifornischen Dämmerung eine Waffe auf ihn gerichtet. „I shouted out, who killed the Kennedys? When after all it was you and me."

Ohne die Menge, die ihn immer stärker begehrte, hätte Mick aus seinem mit siebzehn geborenen Körper nichts Großes gemacht. Keine Berufung verspürt. Womöglich doch sein Diplom an der London School of Economics gemacht, an der er sich eingeschrieben hatte. 1961/62 zeigt er keine auffallende Vorliebe für den Rock, hat nicht nur ihn im Kopf, könnte auch ohne ihn leben, ist keineswegs von ihm besessen. Er tanzt gern und würde sich gern auf der Bühne sehen, hat aber den Glauben nicht und den Biss. Musiker ist er auch nicht so richtig. Singt, was ihm so einfällt, und untermalt es ab und zu mit der Harmonika. Wir sollten eins nicht vergessen: Die zwei größten Popmusikgruppen aller Zeiten hatten anfangs keinen genialen Musiker in ihren Reihen. Schon gar keinen Komponisten. Weder John noch Paul noch Mick, nicht einmal Keith, der nur durch Arbeit, Denken und die Massen zum König des Riffs werden sollte, waren Virtuosen auf ihrem Instrument. Was das bedeutet, wurde noch nie recht bedacht. Zwei Wahrheiten folgen daraus, die manchem nicht gefallen werden. Erstens: Das, was Rock ausmacht, hat nichts mit Technik zu tun. Zweitens: Technik ist dabei sogar hinderlich. Ich wage mich weit vor, aber schaut euch doch mal die großen Gitarristen an, auch wenn sie noch so sehr glänzten mit ihren Songs. Jimmy Page, okay, Hendrix, ganz klar, aber sonst?

Das ist die Frage.

Bei den Beatles und den Stones waren die besten Instrumentalisten ausgerechnet die, die nie als Komponisten von sich reden machten. Hier Ringo Starr, dort Brian Jones. Ein echtes Musiktalent, der blonde Brian. Sagen alle. Schon als ganz Kleiner. Spielt schon als ganz Kleiner auf allen Instrumenten, hört die amerikanischen Bluesmen und träumt: Später werde ich einmal Leader einer Rockband. Das nennt man Berufung. Und tatsächlich ist er es, der sich bemüht, fünf Mitglieder zusammenzukriegen, der sich mit Keith trifft, Briefe an Radiosender verschickt und alles dafür tut, schlecht bezahlte Auftritte zu ergattern. Brian hat nichts begriffen. Er glaubt tatsächlich, beim Rock liefen die Dinge so wie bei dieser alten, abgedroschenen Mucke, die sich als Kunst versteht. Er glaubt, dass innere Überzeugung genügt und dem Genie von Rechts wegen ein Platz zusteht. Nur: Ohne Massen passiert auf dem Platz gar nichts. Dafür hat Mick ein Gespür. Er spürt, er weiß, dass man es auch mit noch so viel Mühe nicht erzwingen kann, dass die Menge die Band haben will und sie formt, damit die sie zum Ausrasten bringt. Also bleibt Mick ganz ruhig, summt vor sich hin, arbeitet an seinen Vibrations und festigt sein binomisches Verhältnis mit Keith. Es kommt, wenn es so weit ist.

Es ist langsam so weit. Das beginnende Jahrzehnt ist ganz erwartungsvoll, ganz aufgeregt. 1961, 62 wird was ausgebrütet, etwas, das eine Basis sucht, einen Stoff, der es verkörpert und verbreitet. Mick macht seine ersten Schritte auf der Bühne – Tanzschritte. Übt seinen Hüftschwung im *Flamingo* in Soho, im *Station Hotel,* Richmond, im *Marquee Club*, im *Ealing Club* – Jazzschuppen also, die von einem Tag auf den andern zu Rockschuppen geworden sind. Wie Pilze wachsen sie aus dem Substrat des Begehrens, das dampfend ausdünstet und sich so sein eigenes schwülwarmes Klima schafft. Rasch ist Mick Mittelpunkt dieses Begehrens und mehrt es, indem er die Hüften noch mehr verrenkt, die Beinarbeit beschleunigt und seine Stimme noch mehr strapaziert. Die Besetzung hinter ihm hat sich gefestigt. Keith natürlich, dann Brian, der sich noch immer als Bandleader sieht, und Charlie Watts, dessen Jazzbeat zum Rhythm 'n' Blues abgedriftet ist. Bald auch Bill Wyman, der Dick Taylor am Bass ersetzt, weil er den besten Verstärker hat, den es auf dem Markt gibt, und so was zählt immer. Clubs, Clubs, die ersten Partys. Sie spielen Chuck (Berry), Little (Richard) und Muddy (Waters). Nach den Konzerten kehren die fünf in die Zweizimmerwohnung am Edith Grove 102 in Chelsea zurück, die schnell versifft. Magermilch und trocken Brot, das geht so nicht, das kann so nicht weitergehen: Verlangen und Ungeduld sind die Zeichen der Zeit. Der durchtriebenste Manager der Welt treibt sie an. Sein Name ist Oldham, Andrew Oldham. In einer so materialistischen Epoche setzen sich nur Empiriker durch. Oldham schmiedet Ränke und Intrigen und handelt einen Vertrag bei Decca aus, wodurch eine erste Platte entsteht: *Come on*, eine brave Coverversion von Chuck (Berry). Platz fünfzig in den Charts. Fast ein Meisterstück für einen ersten Versuch, aber nur fast. Manager und Künstler allein machen noch keine Rockband.

Man braucht das Volk.

Tobt das Volk? 23. September 1963, erster Auftritt, mit Bo (Diddley). Trampelt das Volk? Rastet es aus? Trägt es kürzere Röcke, längere Haare, erotisiert es sich, will es Platten in seinem Rhythmus? 21. Februar 1964, *Not Fade Away*, ein Klassiker von Buddy (Holly), Platz drei in den Charts. Steigt die Stimmung, schnellen die Verkaufszahlen nach oben? Mick tobt über die Bühne, rastet aus, trägt kürzere Röcke, längere Haare und wird zu der Unisexbombe, nach der die Zeit verlangt. Nach seinem Auftritt diagnostiziert eine Journalistin ganz richtig: „Auf der Bühne versucht Jagger anscheinend jedes Mal ein bisschen mehr zu provozieren als das Mal davor.“ Auf Mick richten sich die Fantasien von Jungs und Mädchen, die Mädchen lieben seine kreisenden Hüften, die Jungs wollen das auch können, die Jungs lieben seine kreisenden Hüften, und die Mädchen wollen genau das. Wollen sie Sex? Im Januar 1964 die erste Tournee. „Die Hölle ist los!“, ruft eine Zeitung erschrocken. Dabei war das noch gar nichts, das ist erst der Anfang, der Kampf geht weiter bis zum Sieg. Im Juni 64 Tournee durch die USA mit mäßigem Publikumserfolg. Die Hölle kommt erst.

Dazu braucht man ein Teufelsvolk.

Doch bevor es so weit ist: Pause! Ihr habt nämlich nichts gecheckt. Ihr passt nicht richtig auf. Es ist euch gar nicht aufgefallen, dass nach zwei Jahren Existenz, massenhaft Fans und ohnmächtigen Mädchen die Rolling Stones noch kein einziges eigenes Stück komponiert haben. Das hättet ihr mitkriegen müssen, ihr, die ihr dieses Märchen aus heutiger Sicht seht, wo jeder Pop-Neuling schon zwanzig Songs im Gepäck hat. Die Spitzenreiter der Charts von 2004 waren als Sechsjährige zum ersten Mal auf Sendung, haben mit neun auf ihrer ersten Gitarre geklimpert und mit zwölf ihr erstes Konzert abgeschwitzt. Sie haben tausende Bilder von tausenden anderen Bands im Kopf, sie wissen, was sie zu tun haben, und tun es, weil sie es wissen, sie kennen sich aus mit Musik. 1962, 63, 64 läuft das noch anders. Mick und seine Band sind der Beginn einer Bewegung, sie tasten sich in unerforschtem Gebiet voran und erfinden so nach und nach das Genre. Zunächst also Coverversionen. Man übt Tonleitern, lernt einen Beruf, den es nicht gibt, und zwingt sich, Chuck (Berry) und die beiden Littles (Berry und Richard) eins zu eins nachzuspielen. Damit verbringt man die Tage, nimmt von Zeit zu Zeit einen Song auf, und auf einmal: Erfolg! Erst klein, dann groß, massenhaft Fans und ohnmächtige Mädchen, und das alles ohne eine eigene Komposition, und ihr habt gar nichts gemerkt, ich könnte auch gegen eine Wand reden.

So geht das nicht weiter.

1964 gibt es keinen Hinweis darauf, dass Mick und Keith überhaupt das Talent haben, eigene Stücke zu schreiben. Sie sind die größte Band der Welt, gleichauf mit denen, die man kennt, und es ist gut möglich, dass sie im Komponieren völlige Nieten sind. Das ist ein Beweis. Es ist der Beweis dafür, dass Rockmusiker mehr machen als Musik, dass wir uns hier jenseits strikt ästhetischer Kategorien bewegen, dass es hier vor allem um eine Welt und eine Summe pochender Herzen geht. Und das hat mit Rhythmus zu tun, Musik ist nur der notwendige, aber nicht hinreichende Grund für das Erdbeben, das gerade stattfindet. Nicht hinreichend, aber notwendig. Deshalb also covern, covern und noch mehr covern. 1964 ein erstes Album – mit weiteren Coverversionen – unter dem schlichten Titel *The Rolling Stones*, denn jetzt steht und fällt der Wert einer Schallplatte mit der Marke, die darauf steht.

Geht das nun doch so weiter?

Durch seine Art, die mit schwarzer Spottlust durchtränkten Stimmbänder an den Klassikern zu reiben, hat Mick seinen Einsatz schon wieder raus. „I'm so glad to be here tonight and I'm so glad to be home." Doch der durchtriebene Oldham weiß, dass er da noch mal ran muss. So geht das keine zehn Jahre gut. Los, an die Arbeit, Jungs, sagt er zu Mick und Keith. Die Zeit ist reif, einen neuen Einsatz zu wagen, noch einmal zu würfeln. Aber sie wollen nicht ran. Sie scheuen die Entscheidung, simulieren eine Erkältung oder eine Handgelenksverstauchung. Jammern, wie um die Schule zu schwänzen, weil sie nicht vorbereitet sind für das, was ansteht. Sie haben Schiss. Sie sind im Stress wie ein Tennisspieler, der als Nummer eins gesetzt ist, ohne je einen Schläger in der Hand gehabt zu haben. Die größte Rockband der Welt ist der Welt, deren größte Band sie ist, verpflichtet. Sie schuldet ihr die größten Songs der Welt.

Mick und Keith werden genial, weil das ihre Pflicht ist. Eines Abends hat Oldham ihre Ausreden satt und sperrt sie in einen Raum, damit sie endlich drangehen. „Ihr kommt hier nicht raus", sagt er zu ihnen, „bevor ihr was Eigenes ausgetüftelt habt." Da sitzen sie, Mick und Keith, nackt und bloß, und können sich nicht hinter Chuck (Berry), Little (Richard), Muddy (Waters) verstecken. Ich weiß es, ich war dabei, in bin in eine von Keiths Saiten geschlüpft. Ich kann mich erinnern, dass sie sich in die Augen sahen, und ihr Blick sagte: Jetzt! Am nächsten Tag kamen sie mit einem Schatz heraus, weil sie nicht anders konnten. Draußen, in diesem abstrakten und so konkreten Draußen, das man gemeinhin Leben nennt, wartete das Volk auf den metonymischen weißen Rauch wie in Rom, wenn der neue Papst verkündet wird. Die Stones waren keine verkannten Genies. Sie waren bekannt und mussten erst noch genial werden. Wie in amerikanischen Filmen, wo der Held unter dem prüfenden Blick seines Sohns, seiner Frau oder der Nachbarin mit den Titten einfach nicht das Recht hat, kein Held zu sein. Auch wenn man nichts für diese Leute empfindet, zwingen sie einen, sein Bestes zu geben. Unsere furchtsame Epoche mit ihrem mäßigen Begehren hält die Masse für die Brutstätte von Barbarei und Regression. Die Sechziger beweisen das Gegenteil. Die Aufmerksamkeit der Menge ist eine Aufforderung zu brillieren.

Man wird aufgefordert, und man brilliert.

Nach ein paar auf Langspielplatten versteckten Kreationen glänzen sie am 25. Februar 1965 mit *The Last Time*, der ersten selbst komponierten A-Seite. Sie ist keine Enttäuschung. Fünf Jahre lang gibt es sowieso kaum Enttäuschungen. Abgesehen von ein paar lahmen Nummern, sind Mick und Keith stets auf der Höhe, die die Zeit ihnen vorgibt. 1965/66 ist die Zeit der Singles, die sie zwischen zwei Konzerten im großen Bad in der Menge am Wegesrand säen, zerbrechlich und frenetisch wie kreischende Mädchen und fliegende Stühle. Rock, roll. Der Fels in der Brandung kreißt und gebiert 1965 *Satisfaction*, *Heart of Stone*, *Play with Fire*, 1966 *Have You Seen Your Mother, Baby, Standing in The Shadow*, *Nineteenth Nervous Breakdown*, *As Tears Go By*, das zuerst von Marianne Faithfull gesungen wurde, *Get Off of My Cloud* und *Paint It Black*. Alle zwei Monate eine Salve, dann und wann in Alben gebunden. 1965 allein drei Volltreffer: *12 x 5*, *Out of Our Heads*, *The Rolling Stones Now*. Ein Wahnsinnsrhythmus. Man müsste Epochen nach ihrer Schlagzahl einteilen und sie danach bewerten. Schaut euch dagegen unsere Zeitgenossen an: Verkriechen sich in der Familie, in ihrem Getto, in der Pampa, in der Tundra, in ihrem Karma, wer weiß wo, und kommen vier Jahre später mit einem Album mit achtzehn Titeln in der Tasche wieder heraus, ein paar auskoppelbare Singles darunter, mit denen sie die vier Jahre bis zur schmerzhaften Geburt des nächsten Albums überbrücken. Ein paar selbsternannte Hits, kalt serviert wie tiefgefrorene Hähnchen. Meisterwerke, Großes, Innovatives, Seele, aber was für eine Kälte, und nie passiert was, nie kommt mehr als Musik dabei heraus, nie verdichtet sich etwas zu einer Strömung. Zwischen der heutigen Welt und ihren Popkünstlern findet keine Interaktion statt. Das gab es zuletzt an einem Dezemberabend 1969 in Kalifornien, Mick ist daran gestorben,

und ich werde euch sagen wie und warum.

Aber wir sind mit der Geburt noch nicht fertig. Mick und Keith segeln mit dem Strom der Zeit, getragen von der Menge und einem Haufen anderer Bands, die diesen Strom bilden und selbst von ihm getragen werden. Die anderen Bands sind objektiv Konkurrenten, aber solidarisch, weil alle wissen, dass die Stärke der einen die Stärke der anderen ausmacht. Solidarisch im engeren Sinn, als The Who 1967, um die Kaution für Mick und Keith aufzubringen, die mit Stoff erwischt worden sind, zwei Stücke der Stones aufnehmen: *The Last Time* und *Under My Thumb*. Im weiteren Sinn solidarisch in der Erkenntnis, dass mein Wohl dein Wohl ist und mein Pech dein Pech. Nicht moralisch, sondern technisch. Nicht voluntaristisch, sondern faktisch solidarisch. Die Bewegung, die du schaffst, treibt mich an. Die Beschleunigung wirkt wechselseitig.

Freundschaft ist eine Übung in Bewunderung. Doch Bewunderung ist kein Akt der Freundschaft mehr, wenn nicht die Lust dazukommt, stärker zu sein als die Freunde. In diesem Sinne sind alle Protagonisten der Sechziger Freunde. Dylan ist mit den besten damals aufkommenden englischen Rockmusikern befreundet. Da fliegt ihn, als er sie sieht, die Idee, die Lust, die Besessenheit an, seinen Folk elektrisch zu verstärken und mit Band zu spielen. Ergebnis sind *Bringing all Back Home* und *Highway 61 Revisited*, das mit *Like a Rolling Stone* anfängt, also, ziemlich genau übersetzt: Ich wollte es wie die Rolling Stones machen. Der Ober-Beach-Boy Brian Wilson ist mit den Beatles befreundet, als er mit *Pet Sounds* das *Revolver*-Album ausstechen will. Dabei schlägt die Rivalität in Neid um, der ihn schließlich in den Wahnsinn treibt. Wenn Rivalität eine Steigerung des Wetteiferns zwischen Freunden ist, dann ist Neid dessen Niedergang. Und Neider landen, wie man weiß, in der Klinik. Nicht McCartney, der darin mit Mick verwandt ist. Als er 1967 die ersten Spuren von Brian Wilsons *Smile* entdeckt, geht es in beide Richtungen hin und zurück über den Atlantik, er unterdrückt seine Selbstverliebtheit, hört, fühlt, prägt es sich ein und lässt es zwei Jahre später wieder in *Abbey Road* einfließen. Wilson ist sein Freund. Die Beatles und die Stones sind auch Freunde, nicht sosehr deshalb, weil die Beatles den Stones 1963 den Hit *I Wanna Be Your Man* unterjubeln, sondern weil sie einander hinterherlaufen, sich überholen, einander kopieren, die kalte Schulter zeigen und sich hundertmal gegenseitig die Energie zurückgeben – untrennbar wie Wind und Mühle. Aus diesem Geist, dem Geist der Freundschaft, erwächst die von den Managern hochgespielte Konkurrenz – ein guter Krieg. So gesehen ist Krieg wirklich gut: Du machst *Satisfaction*, ich mache *Help*. Du machst *Yesterday*, ich mache *As Tears Go By*. Schulter an Schulter, einander zärtlich rempelnd, marschieren wir dem Besseren entgegen. Ziehen einander nach oben, mit aller Kraft. Damit jeder nächste Wurf weiter trifft. Damit es mit unserem Jahrzehnt steil aufwärts geht. Damit jedes Album das vorige übertrumpft. Man könnte darüber streiten, ob *Sergeant Pepper's* 1967 besser ist als *Abbey Road* 1969 oder das *White Album* 1968; ob *Beggars Banquet* 1968 besser ist als *Let It Bleed* 1969. Jedenfalls nehmen an diesem Wettbewerb nur Alben teil, die am Ende des 60er-Rennens auftauchen. Habt ihr das nicht gemerkt? Werdet ihr nie etwas merken? Selbst wenn ihr etwas gemerkt habt, habt ihr nicht weiter gedacht, sondern euch nur gesagt: „So ist es eben." Ihr glaubt, dass Dinge einfach passieren, aber es gibt dafür Gründe.

Eine wissenschaftliche Erklärung.

Dass alles linear zum Besten strebt, liegt daran, dass Mick und Keith miteinander wetteifern, dass die Menge mit Mick und Keith wetteifert, dass die Menge und Mick und Keith mit den Beatles und den Kinks und den Byrds wetteifern, und das wiederum liegt daran, dass eine Energie zwischen ihnen allen fließt, die diesen Wettstreit ermöglicht. Dass alles dem Gipfel zustrebt, liegt daran, dass die Energie zunimmt, größer wird, bestimmender, das ist wissenschaftlich erwiesen. Eigentlich habe ich das schon gesagt, im Grunde genommen habe ich von nichts anderem gesprochen, und seit ich angefangen habe zu sprechen, liegt sie in der Luft.

Elektrizität liegt in der Luft.

Über Micks Geburt im Bahnhof von Dartford wurde das Wichtigste noch nicht gesagt. Das Wichtigste ist der Zug, der genau in dem Moment vorbeifuhr. Es war voll auf dem Bahnsteig: angeleinte und streunende Hunde, Röcke, Hosen, Engländer, Ausländer, darunter neun Amerikaner, davon drei Schwarze. Ein Zug näherte sich, der nicht im Bahnhof hielt, eine Durchsage warnte, wie es sich gehört, aber keiner nahm es zur Kenntnis, alle blieben an der Bahnsteigkante stehen, als er kam, der Zug schoss vorbei und erfasste sie mit seinem Schwung, die energiegeladene Luft drängte in ihre Lungen, heizte sie auf, wirbelte sie durcheinander, bis sie sich taumelnd um die eigene Achse drehten, schneller und schneller. So erzeugten sie statische Elektrizität, die Energie steigerte sich zu einem Tornado, einer Explosion, und plötzlich standen zwei Körper mehr da. Mick und Keith waren geboren, aus der Vereinigung einer Menge mit einem Zug. Aus dem Funken, der aus der Reibung von Mensch und Maschine entstand.

Das ist die wissenschaftliche Erklärung.

Zehn Jahre lang legten Schallplatten und Straße gleichermaßen an Watt zu. Die Fieberkurve des Sechzigerjahre-Aufruhrs verlief parallel zur Elektrifizierung der Stones-Musik.

Überprüfen wir das Theorem.

1963, Vietnam wird schmutzig, die Dritte Welt organisiert sich, die Baby-Boomers sind nicht ganz seriöse siebzehn. Die Welt schüttelt sich, Kennedy ist out – vielleicht braucht man für große Geschichten eine Leiche. Etwas will entstehen, stottert aber noch. Den frühen Sechzigern fehlt eine musikalische Entladung der Energie, die in diesen Jahren kulminiert. So ist auch die Elektrizität der Stones in ihren Coverversionen: ein ungerichteter Kriechstrom, der wie ein Film auf allem liegt, nicht mehr als eine brave Verstärkung.

1964 überspringe ich.

1964 überspringe ich, weil ich erstens mache, was ich will, und weil es zweitens ein Jahr wie das vorige ist, nur mit ein paar Stundenkilometern mehr. 1964, Vietnam versinkt im Schmutz, die Dritte Welt ist im Aufruhr, die Baby-Boomers sind nicht ganz seriöse achtzehn, etwas will entstehen, stottert aber noch. Den frühen Sechzigern fehlt eine musikalische Entladung der Energie, die immer weiter kulminiert. So ist auch die Elektrizität der Stones in ihren Coverversionen: ein ungerichteter Kriechstrom, der wie ein Film auf allem liegt, nicht mehr als eine brave

Verstärkung.

1965. Vietnam steckt im Dreck, Schwarze proben den Aufstand, London swingt, die Drogenszene wird größer, Körper werden verrückt. Die Zeit wird historisch, das heißt, sie schafft sich ihr eigenes Negativ, das sie verdeckt und verzerrt. Um diese Implosion verständlich zu machen, bedarf es der Erfindung der Fuzzbox, mit deren Hilfe Keith das Riff von *Satisfaction*, das ihm mitten in der Nacht einfällt, verzerren und übersättigen kann. So bedingt ein bestimmter Zustand der Menschen die Entwicklung der Wissenschaft, die wiederum die Entwicklung der Kunst bedingt. Und umgekehrt. So bedingen sich diese drei Ebenen gegenseitig.

Historischer Materialismus.

1966: der elektrische Durchbruch. Die Beatles drehen auf, Hendrix legt los, die Black Panthers brüllen, es knirscht im Gebälk. Elektrizität zuckt in allen Nervenbahnen. Sie ist der Mittelpunkt des Krieges, dem The Who huldigen, indem sie am Ende jedes Konzerts die Stromkreise sprengen. Das ganze Leben drängt zum Einstöpseln eines Klinkensteckers. Aber bisher sind die Kids noch nicht am Maximum. Der Sprung nach vorn wird nur erahnt, angekündigt und heimlich herbeigesehnt. Es brodelt, aber noch kocht nichts über. Das Jahrzehnt steht erst an der Schwelle zu seinem hysterischen Moment. So sind am Rand dieses Hexenkessels die elektrischen Gitarren von *Aftermath*, dem im April erscheinenden ersten ausschließlich selbst komponierten Stones-Album, dem größten ausschließlich selbst komponierten ersten Stones-Album der Welt, noch in zarte Verstärkungen gepackt. Die Soli laufen hinter etwas her, das sie nicht einholen können, weil es ihnen an der Kraft zur Beschleunigung fehlt. Wann ist eine Epoche revolutionär? Wenn sie eine Geschwindigkeit produziert, die schneller ist als ihr natürliches Tempo, und sie so über sich hinausträgt. Was 1966 in *Aftermath* gesucht wird, ist eine Gitarre mit Übersetzung, mit viertem, fünftem und sechstem Gang. Die elektrische Revolution hat noch nicht stattgefunden. Sie findet erst parallel zu der auf der Straße statt. Jetzt macht nicht so ein Gesicht.

Sie findet 1968 statt.

Davor aber: Stopp, ganz langsam, Stromausfall. 1967. Ich etikettiere die Jahre, ich koloriere sie wie andere die Töne einer Melodie. Ich diachronisiere, schematisiere, ich bin ein Theoretiker. 1967 also: Das Jahrzehnt kommt zu sich selbst, betrachtet sich im Spiegel, findet sich schön und beschließt, fünfe gerade sein zu lassen. Ekstase, Selbstlust, Fülle. 1967 fehlt ein Stachel, der es antreibt. Ihm fehlt die Laus im Pelz, damit es sich am Kopf kratzt, der Stein im Schuh, der es auf Trab hält. 1967 ist ein Jahr des Pop, und *Sergeant Pepper's* ist sein Höhepunkt. Was ist Pop? *Be here now*, hat Lennon gesagt. Deutsche Übersetzung: Daseinsfreude. Elektrizität überflüssig. Dazu bedarf es nicht dieser nervösen Distanz zu sich selbst, die einen nach vorn bringt und den Wunsch weckt, das Stromkabel zur Zündschnur zu machen. Die Popgitarre ist eine Begleitung, kein Auslöser. Sie folgt der

Melodie, geht ihr nicht voran, verzerrt sie nicht, entlockt ihr keine Grimasse, keine Dissonanz, keinen Schrei. Was wird in dem Ganzen aus Mick, den nur die Grimasse, die Dissonanz, der Schrei interessieren? Er passt sich wohl oder übel der Zeit an. Ohne Überzeugung komponiert er *Between The Buttons*, eines der weniger guten Alben der Weltgeschichte, in dem der Faden von *Aftermath* abreißt. Post mortem sagt er, dass er es nicht mag, abgesehen vom *Backstreet Girl*, das eine kleine Fratze zieht. Er ist nicht mit dem Herzen dabei. Als er zu alter Stärke zurückgefunden hat, spottet Mick über die grassierende Psychedelik, eine Art inneres Abgleiten des Pop-Frohsinns. Nennt die Verehrung des wolkigen indischen Weisen Maharishi Mahesh Yogi durch die Beatles Blödsinn. Ein Jahr später macht er sich über die Minnesänger „who get killed before they reach Bombay", lustig. Ende des Jahres überlässt er Brian sogar weitgehend die Gestaltung von *Their Satanic Majesties Request*, dem anderen weniger guten Album der Weltgeschichte. Das wird das Testament des Blondschopfs sein. Dieses verträumte, versonnene Jahr ist für ihn gemacht. Mick wartet ab. Wartet, bis die Zeit sich auf ihren wahren Trieb besinnt, den momentan der Mantel des Zauberers Merlin verhüllt. Wartet, dass er wieder alle unter Strom setzen kann. Wartet auf

1968,

das endlich kommt und das Werk der Vorjahre fortführt und transzendiert. Kontinuität und Bruch. Ein Glied in der Kette, aber ein ganz besonderes. Der amerikanische Campus immer noch im Widerstand gegen den Vietnamkrieg, immer noch Kulturrevolution in China (macht doch nicht so ein Gesicht), und dann noch dazu der Pariser Frühling. Und der Prager. Und tausend andere Frühlingssachen. Im Frühling haut *Jumpin' Jack Flash* der Welt aufs Auge. Das Lieblingsstück von Keith, was mich erstaunt. Er sollte sich nicht mehr von dem erholen, was ihm da mit diesen Griffen glückte, dieses Riff von übermenschlicher Größe. In dem Moment, wo die Gitarre stärker ist als du, vertausendfacht sich deine in sie eingebrachte Energie, und du machst einen weiten Sprung, stößt dich vom Balken ab und fliegst acht Meter neunzig weit. Und wo bleibt der Zusammenhang? Hier ist er: In großen Jahrzehnten hat alles mit allem zu tun. Ein großes Jahrzehnt lebt gerade von dieser universellen Verbundenheit. Als Bob Beamon mitten ins Olympiastadion von Mexiko sprang, hatte er *Jumpin' Jack Flash* im Kopf, ich war dabei. Er hörte Mick seine Worte in passiver Anapher ersticken: I was, I was, I was, I was – es geht nicht anders, die beiden Komponisten empfangen so viel mehr, als sie senden – „I was crowned“, „I was washed up“, „I was left for dead“, „I was born in a crossfire hurricane“. Von der Sturmflut der Zeit mitgerissen

und umgekehrt.

Was sagte Mick 1967, als er aus dem Gefängnis kam? „Wenn ich jetzt singe, mache ich das nicht mehr nur für die Musik, sondern um gegen das System zu protestieren und mit der Jugend zu kommunizieren. Ich weiß, dass da sehr viel passieren wird.“ Was sagte er während der Europa-Tournee im selben Jahr? „Wenn ich auf der Bühne stehe, dann spüre ich, dass die Jugendlichen versuchen, mir wie durch Telepathie eine ziemlich dringende Botschaft zu übermitteln. Nicht über mich oder meine Musik, sondern über die Welt und ihre Art zu leben.“ Er spricht von Telepathie, aber wir müssen weiter gehen. Zwischen Mick und den Massen findet keine Gedankenübertragung statt, sondern eine Übertragung von Energie, eine Kommunikation der Körper. Mick spürt die Zeit, als hätte er sie gemacht, als hätte sie ihn gemacht. Aber das ist nichts Magisches – diese wechselweise Verkörperung wurde durch laienhafteste Hörübungen möglich. Singen heißt erst einmal hören, zuhören und die Note richtig erwischen, bevor man sie wiedergibt. Mick hält sein Ohr an den Puls der Zeit. „Everywhere I hear the sound of marchin', chargin' feet, boys." Es ist 1968, als Mick, das Ohr auf den Boden gepresst, den Rhythmus marschierender, aufgebrachter Menschen auf den Straßen hört. Im selben Jahr schreibt er *Street Fighting Man*, wo man hören kann: „Everywhere I hear the sound of marchin', chargin' feet, boys."

We'll kill the kings.

1968, wurde behauptet, hat Elvis Presley Marx getroffen, und das stimmt auch. Genauer gesagt: Marx traf einen elektrisierten Elvis. Aus diesem Gemisch, stärker als ein Molotowcocktail, brauten die Stones ein Album, das größte Album der Welt, das *Beggars Banquet* hieß und im Dezember erschien, im Gefolge des 68er-Kometen, von dem es seine Energie bezog. Nie hatten Gitarren so schneidend geklungen wie in den Soli von *Sympathy for The Devil* und *Stray Cat Blues*. „Bet your mama don't know you scream like that." Oh nein, die Väter und Mütter konnten nicht ahnen, dass ihr Fleisch und Blut, das da kreischte, ihnen so unähnlich werden würde. Und ihr Fleisch und Blut war sich, als es die Nabelschnur durchtrennte, um sein Herz an Marshall-Verstärker anzuschließen, noch nicht darüber im klaren, dass es sich so stark verändern würde, dass es sich selbst nicht mehr glich. Im Auge dieses Zyklons thront Mick mit seiner Band, und die Geschwindigkeit, die sie antreibt, geht höchstens zur Hälfte von ihnen selbst aus. Sie führen und werden geführt.

Ende von *One + One*, dem größten Film der Welt: Die Stones minus Brian Jones sitzen einander gegenüber auf dem Teppichboden des Studios. In der Mitte ein grünes Quadrat, davor Keith. Drumherum orange Tücher, rosa Boden und drei Projektoren. Links Mick, rechts gönnt Bill sich eine Pause, im Vordergrund lümmelt Charlie mit seinen Drumsticks und wirft phlegmatische Blicke zur Kamera hin. Mick trommelt leicht auf Darbukas und begleitet Keith, der mit dem harten Anschlag, den er seit Beginn der elektrischen Revolution hat, immer wieder dieselben Akkorde spielt. Ein Typ kommt herein und flüstert Mick etwas ins Ohr, der aber wendet sich kaum von den Fellen ab. Lässigkeit, ruhige Kraft, Souveränität. Sie wissen, das Stück wird kommen, es wird kommen, wenn es so weit ist, und das Jahr wird seinen Takt auf die Gitarrenhälse legen. Sie müssen nur da sitzen, mitten im Jahr 68, und *Beggars Banquet* wird heraussprudeln, das größte Album der Welt.

Sie werden nie wieder so stark sein.

Im darauf folgenden Jahr gibt es zwar *Let it Bleed*, das größte Album der Welt, doch 1969 ist Mick nicht mehr mitten drin, und im Dezember kommt der Tod, nach neun Jahren dynamischer Empathie der Bruch mit dem Volk. Danach werden sie weltweit immer berühmter, doch der Bruch ist vollzogen, und ich werde sagen wie, ich werde sagen warum, ich werde dieses Paradoxon erklären. Und mit Mick wird die ganze Rockmusik im Separatismus verdämmern, der Rock verkümmert, von seiner Quelle abgeschnitten und auf die elektrischen Anfänge zurückgestutzt. Bedenkt zum Beispiel, dass zu Beginn der Siebziger die großen Namen im Rock Solisten sind. Springsteen und Alice Cooper einsam an der Spitze ihrer Band, Lou Reed und McCartney ausgebüchst, wir wissen ja, von wo, Neil Young von seinen drei Begleitern abgeschnitten. Die Wahrheit, die von einer Handvoll Ausnahmen nicht entkräftet wird, ist, dass die Sechziger an Gruppen glauben und die Siebziger, die bekanntlich 1976 enden, an Solisten. Weniger weil unendliche autistische Gitarrensoli zu ihrer Spezialität geworden sind, obwohl das nicht unwichtig ist – Keith wenigstens blieb auch post mortem bei seinem rhythmisch betonten Kurs – sondern weil sie einmalige, einzigartige, solitäre Künstler hervorbrachten, die ihre Inspiration – dieses verschüttete Wort ist damals wieder aufgetaucht – aus der Quelle ihrer Fantasie schöpften – bis dieses verschüttete Wort schließlich die Fantasie verdrängte. Da sie nach den Pionieren kamen, brauchten diese Künstler niemand anderen, um die Dialektik in Gang zu setzen. Selbstgenügsam und bewundert wie unerreichbare Sterne, konnten sie die persönliche Karte spielen. Bowie, der glänzende Narziss: Ziggy Sternenstaub. Das ist die dekadente Phase der Rockmusik, und in der Dekadenz wird die Kunst, die nur noch von sich selbst zehrt, zur reinen Form, blutleer und kurzatmig, als würde sie nur ausgeatmete Luft einatmen. Eine Endemie.

Eine Krankheit.

Rock funktioniert, solange er fremde Körper bewegt und sich bereitwillig der Last der Welt beugt. Das sollte man sich in jeder Epoche fragen: Bringt sie die Welt weiter? Glaubt sie an Solisten oder an Gruppen, ist sie bevölkert oder verwaist, ist sie auf der Seite des Lebens oder auf der Seite des Todes? Und der Rock, den man in den Siebzigern der Agonie überließ, wann wird er wiedergeboren? Ihr wisst es nicht, aber ich weiß es. Er wird wiedergeboren, als sich die Sedimente einer kraftvollen neuen Zeit auf seiner sterblichen Hülle ablagern. Das ist 1975, und die Wiedergeburt heißt Punkrock. Das geht ab, das knallt, das ist so neu wie die Klinge eines Messers zwischen bolschewistischen Zähnen – macht doch nicht so ein Gesicht. Das wird von etwas getragen, das nur sich selbst verpflichtet ist. Dahinter steht eine neuartige Arbeiterklasse, eine, die nicht arbeitet, deren Kinder nichts mehr mit Schmieröl zu tun haben wollen, in den bereits postindustriellen Städten. Zum ersten Mal kommen Begriffe zusammen, die sich bisher widersprachen: Proletariat und Müßiggang, Frack und Schmiere, Verzerrung und Melodie, Rohheit und Raffinement. Die Punks sind melodischer als ihre Rockerahnen, ihre Gitarren satter. Ihre Haare spröder, ihre Parolen endgültiger.

Die Punks sind mit Iggy & The Stooges groß geworden. Die einzige Gruppe der Siebziger (geboren 1969, gestorben 1973, genau die richtige Zeit), die die Strömung der Sechziger weiterführte und sich ganz und gar an sie hielt. Raw Power. Keine instrumentalen Protzereien, keine stilistischen Schnörkel, kein symphonisches Aufmotzen. Nur gründlich die Lautstärke maximieren, Verzerrung, Verrenkung, Grimasse, Rauheit, um trotz des ästhetischen Gegenwinds die Flamme am Leben zu halten. Damit die Kraft, die Verzerrung, die Wut weiter glüht und nicht stirbt.

Aber nicht nur.

Die Musik der Stooges hat eine so urtümliche Kraft, dass die Sechziger zwar überdauern, aber auch eine Gegenwart neuen Typs darin Zuflucht sucht. Eine, für die gilt, was über die Punks gesagt wurde, nur dass diese Gegenwart 1969 nicht in London stattfindet, sondern in Detroit. Warum Detroit? Ihr werdet sagen, das ist Zufall, das hätte auch in Boston oder Besançon sein können. Euch hat man das magische Denken mit der Muttermilch eingeflößt. Macht doch einmal von eurem Verstand Gebrauch, mit dem ihr immer so prahlt, und hört zu. Detroit ist die Hauptstadt des Automobils, das wisst ihr ja. Mit der Krise verslummen Wohnviertel, in denen es von Arbeitslosen wimmelt, das wisst ihr auch. In einer dieser heruntergekommenen Gegenden also wächst Iggy

Pop in einem Mobile Home auf, das wusstet ihr nicht. Und selbst wenn ihr es wüsstet, würdet ihr nichts daraus schließen. Entweder, weil euch das alles völlig egal ist, oder weil ihr keine Methode habt. Ich habe eine.

Sie funktioniert immer.

Sie funktioniert bei Mick, sie funktioniert bei Iggy, sie funktioniert bei Eminem, dem *bad guy*, der auch in Detroit aufgewachsen ist, da habt ihr's, und zwar in derselben Art Fertighaus. Die gar nicht mal so kleine Randgruppe, aus der er kommt, treibt ihn an, die leidenschaftliche Stimme des *White Trash*. Es riecht nach Wut, Schwefel, Ärger, quäkendem Rap. Das geht ab, da steht eine Welt dahinter. Kaum hat man das gesagt, ist es schon wieder vorbei. Das Kind, das sich an den Eiern kratzt, ist zurückgekehrt, hat sich eine Mama erfunden und einen wenn auch abwesenden Papa. Hat dieses genealogische Gespann erfunden und sich zum Vorsänger der postzivilisierten Stadt gemacht. Er wird noch Meisterwerke schreiben, aber es ist vorbei. Fünf Jahre hat es gedauert.

Bei Mick waren es neun.

1960–69 hat Mick im strengsten Sinne des Wortes das Jahrzehnt verkörpert. Ist als Galionsfigur einer Epoche gesegelt, die mit ihm gesegelt ist. Mit zwanzig direkt in den Rockhimmel, der Blitzschlag der Menge hat ihn getroffen. Er war überhaupt nicht drauf vorbereitet, kam von nirgendwo her, hatte keinen Vorläufer, war drei Jahre zuvor in einem Bahnhof zur Welt gekommen und zur Rechtswissenschaft verurteilt, fand aber sofort eine Antwort. Und was war Micks Antwort auf die Forderungen seiner Generation? *Alright.* Das heißt, in Ordnung. Das heißt, ist mir recht. Keine Ausflucht, ich umgehe das Problem nicht, in Ordnung, los, Jungs, ich gehöre ganz euch. Mick umarmt alles, drückt alles an seine Brust, saugt der Zeit das Mark aus und macht sich daraus eine Haut. Und umgekehrt. Ein gebissener Vampir. „Yeah we all need someone we can lean on, and if you want it well you can lean on me. We all need someone we can cream on, and if you want it well you can cream on me. We all need someone we can bleed on, and if you want it well you can bleed on me.“ Dein Blut komme über mich, wenn du es brauchst, ich nehme alles auf mich, alles Unheil, alle Gnade, mein Kummer und meine Freude sind zu einer vieldeutigen Grimasse verschmolzen. Heiliger Hohn, das ist meine persönliche Note. „I was born when Jesus Christ had his moment of doubt and pain.“ Es gibt zwei Arten von Sängern, die inspirierten und die, die nur das Gesicht verziehen. Mögt ihr die Inspirierten lieber, die Andächtigen, die Innerlichen, die Seelenergänzungen, die Blicke zum Horizont?

Ich nicht.

„Take my arm, take my leg.“ Nehmt, das ist mein Arm, nehmt, das ist mein Bein. Ganz zu eurer Verfügung. Unendlich teilbar, nichts von einem Individuum. Beliebig desintegrierbar, nicht integer. Ein Automat im Dienste der anderen. „Ich glaube, die Bühne hilft mir, sie erlaubt mir, mich von meinem Ego zu befreien.“ „Oh baby don't you take my head.“ Nimm meinen Arm, nimm mein Bein, aber lass mir bloß meinen Kopf, ich brauche ihn. Nur ein Ding über Wasser. Wenn ich nicht ganz ich selbst bin, dann ist Erdulden keine Gnade mehr, sondern eine Entfremdung. Wenn die Menge mich überwältigt, dann brauche ich Kälte in meinen Augen, um sie zu sehen, um aus der Ferne Augenzeuge der Flut zu sein, die mich mitreißt.

Heiß und kalt.

Mick ist in diesen Jahren der nüchterne Wahnsinn, ein Mix aus Feuer und Eis. Glühender Körper, kühler Kopf. Monkey Man – brüllend wie ein Affe, feinfühlig wie ein Mensch, geschminkt wie eine Frau, rüpelhaft wie ein Mann, heiser wie ein Schwarzer, melodisch wie ein Weißer. Vor allem aber: so raffiniert wie ein Adliger ohne Nachkommenschaft und so plump wie ein Clochard auf einem Bankett. Verkehrt am Hofe Prinz Rupert Loewensteins, ist ein Vertrauter von Prinzessin Margaret und gibt mit der Aristokratin Marianne Faithfull das schönste Paar der Welt ab, verdrückt sich jedoch nach dem Brunch, um am Fabriktor auf ein Mädchen zu warten.

Factory Girl, vorletzter Titel von *Beggars Banquet* und größter Song der Welt: Es wäre falsch zu glauben, dass Mick sich hier über das Fabrikmädchen lustig macht, über die Laufmaschen in seinen Strümpfen, dass es Kopftuch statt Hut trägt, oder über seine „much too fat knees“. Im Gegenteil, er liebt es gerade dafür, dass es schmutzig und dick ist. Er mag es, und wenn es endlich angewatschelt kommt, legt er ihm den Arm um die Schultern, nimmt es mit ins nächste Pub und rezitiert in die Ausdünstungen der Schweißer hinein Gedichte von Walt Whitman. Dann wird sie sagen: „Du bist kein richtiger Arbeiter, wenn du Gedichte aufsagst.“ „Nein“, wird er sagen, „ich bin Mick Jagger, halb Arbeiter, halb Adliger, was dich verwirrt, ist die Art meines Spiels, ich bin ein Puzzle, denn ich bin die ganze Epoche, und die Epoche ist so, voller Verfeinerung und blinder Wut, voller revolutionärer Spießer, die im Anzug auf die Barrikaden gehen“, und ach, die eine Stelle in *Sympathy for the Devil*, die ich mir, bevor ich sterbe, noch einmal anhören will, diese zehn Sekunden, als inmitten der Hysterie, die er entfacht hat, der ungehobelte Teufel, im Chaos thronend, der von ihm ausgelösten Flut Einhalt gebietet und verlangt, dass man ihm gegenüber Höflichkeit, Sympathie und Geschmack walten lasse. „If you meet me have some courtesy, have some sympathy

and some taste.“

In Micks Natur hat jeder Geschmack Platz. In seiner Stimme findet sich jeder Ton. Schrill am Ende von *Dear Doctor*, grabestief in *Prodigal Son* drei Stücke weiter, bluesig in *Love in Vain*, poppig in *Play with Fire*, kreischend in *Get Off of My Cloud*, zuckersüß in *Ruby Tuesday*. Diese unvergleichlich breite Skala verdankt Mick seiner Zeit, wo tausend Melodien in der Luft liegen – und sich selbst, weil er so gut hingehört hat. Auf der Jagd nach Lebendigem beobachtet Mick seine bemerkenswertesten Kollegen, stiehlt das Feuer und übernimmt etwas von ihrem Ton, den Takt eines Songs, einen Refrain, einen Vers. Jim Morrison sieht er sich mehrmals auf der Bühne an. Jimi Hendrix, „der Typ, der die Welt explodieren lässt", versetzt ihn in Ekstase. Von James Brown ist er sofort überzeugt, „der Kerl macht eine großartige Show, nicht zu fassen!" Nicht zu fassen heißt: Scheiße, ich muss begreifen, wie er das macht, um es zehnmal besser zu machen. Mick ist ein Schwamm, wie alle großen Künstler, und ebenso entschlossen, alles, was er aufnimmt, hundertfach wieder auszuspucken. Der Transistor, der seine Antennen ausfährt und die Wellen aus dem Äther einfängt, um das, was er da empfängt, durch einen ziemlich großen Lautsprecher, seine große Klappe, gefiltert wiederzugeben.

Was ist ein Sänger? Was ist ein Rocksänger? Was ist einer, der nur singt und weder Gitarre noch Bass noch Dudelsack spielt? Er ist der erste Empfänger der Musik, die von seiner Band gespielt wird. Noch vor dem Publikum fängt er sie ein, als erster, weil er ganz vorne steht, und gibt sie sofort weiter, sie geht durch ihn hindurch, und er spuckt sie aus. Sendet die empfangene und empfängt die gesendete Musik – Instant-Karaoke. Er sendet, und sie kommt durch die Menge gebrochen wieder zu ihm zurück. Und das Ganze auf der Bühne, wenn es Abend wird. Die Bühne ist das Epizentrum der großen demokratischen Interaktion und Mick für knapp zehn Jahre ihr Zeremonienmeister.
Ein Rocksänger ohne Instrument ist die unmittelbare Verkörperung der Musik, also ist er auch Tänzer, gewandt oder nicht, ob er will oder nicht, vom Zauberstab des hinter ihm von seinen Freunden ausgesandten Klangs zum Tänzer bestimmt. In den Sechzigern sind die reinen Sänger daher sehr selten. Mick ist jedenfalls der Einzige, der tanzt, das hebt ihn von Anfang an unter all seinen Kollegen hervor. Die anderen geben sich rätselhaft und verlangsamt – Morrison – oder ganz aus dem Bauch heraus – Eric Burdon – oder begleiten sich auf einem Instrument, das sie ihres Körpers enthebt. Mick hat sich in weiser Voraussicht nie ernsthaft

mit Musik beschäftigt, er haucht nur ab und zu in eine Harmonika oder klimpert ein wenig auf der Gitarre herum. Tänzer zu sein ist sein Ding. Nurejews Doppelgänger, sagen alle. Er wird sein Freund, vielleicht auch sein Geliebter. Noch bevor er singt wie Muddy (Waters), will er tanzen wie Elvis, so fasziniert ist er von den Schritten des Kings. Viel mehr als Musik oder Gesang an sich interessiert ihn die exakte Verbindungsstelle zwischen Musik und Körper – dort will er sein.

Tänzerin.

Nicht Musiker oder Künstler oder so was. Nein, viel, viel besser, einzigartiger, kostbarer, historischer, populärer: ein Körper. Für seine Bewunderer war Mick vor allem eine von elektrischen Schwingungen durchlaufene Membran, und darauf lagerte sich dann zehn Jahre lang die Stimmung der Zeit ab, ihre Träume wurden zu Farben, ihre Kühnheiten zu Leder, ihre Lässigkeit zu Haaren und ihre Vieldeutigkeit zu Schminke. Wenn Mick tausend Gesichter hatte, tausend Finten und in tausenderlei Licht brillierte, dann weil die ganze Epoche ein riesiger Umkleideraum war: das veränderungsträchtigste Jahrzehnt des Jahrhunderts plus die drei

folgenden Jahre. Unsere Zeit ist bestimmt mobiler und komplexer – in den Sechzigern jedoch ist jede Veränderung des sichtbaren Körpers ein durch harten Kampf errungener Sieg, ein Sprung nach vorn. Unsere postmodernen Städte wandeln sich ständig und sind viel bunter als die zu Micks Zeiten, doch was darin abgeht, berührt die Menschen heute kaum noch. Die einander folgenden oder gleichzeitigen Moden und Richtungen künden nur von sich selbst. Sind Selbstzweck. Die befreite Fantasie ist lustig und allgemein geworden, aber sie läuft ins Leere. Wir sind übersättigt von dieser Freiheit. Alles geht über uns hinweg, zum einen Ohr rein, zum andern Ohr raus. In den Sechzigern und den darauf folgenden Jahren ist jeder Zentimeter mehr Haar wie ein Schritt auf den Mond.
Auf Planet Mick ist das Spektakel aus Fleisch und Blut, weil hier die Action hinzukommt. Im *act* muss man das *acting* sehen. „Das Ding der Beatles ist das Liederschreiben, unser Ding ist der Auftritt." Songwriting für die Beatles, die im Februar 1966 in San Francisco Ihr letztes Konzert gaben – Performing für die Stones. „Performing" – ein Wort, das es im Deutschen nicht gibt. Es besagt, dass Rockmusik auch eine Bewegung ist, eine Handlung, die man nur im Präsens konjugieren kann. Wäre Mick als kleiner

Junge mit Vater zur Welt gekommen, dann wäre der ganz sicher Lehrer an einem Gymnasium gewesen und hätte ihn unter der Fuchtel gehabt. Später hätte Mick das auf der Bühne genutzt. Man hätte ihn dort in voller Form gesehen, unermüdlich, er hätte jeden Abend eine grandiose Performance hingelegt.

Eine grandiose Nummer.

Auf der Bühne sagt Mick nicht „The next song is ...“, er sagt, „The next number is ...“. Nummer statt Stück oder Song. Sein Auftritt ist eine Nummer. 1962 erschüttert ihn der Tod von Marilyn Monroe, es ist eins der wenigen Male, wo man ihn erschüttert sieht. Er hat sie geliebt, den ganzen Flitter, das Abbild, das Verfälschte, die echte falsche Blondine. Im selben Jahr steigt er zum ersten Mal auf die Bühne. Das ist kein Zufall. Es ist Zeit, als er den Staffelstab übernimmt, das ist alles. Er will Marilyns Platz im goldgerahmten Bild einnehmen, auch er Abbild, verfälscht, falscher echter Blonder, weil brünett. Auch: falscher Wulst im Schritt. Es heißt, Elvis hätte dort akribisch ein Stück Schlauch drapiert, Mick träumt sich in Elvis hinein. Ein Rocksong ist zuerst etwas Visuelles, bevor er zum Klang wird. Bühne ist Show.

Auf Deutsch sagt man nur zur Show Show, auf Englisch bedeutet es „zeigen“, alles zeigen, was man nicht ist, bis man schließlich das Gezeigte ist. Mick hat sein eigenes Abbild verinnerlicht, hat es aus unvergleichlichen Nummern zusammengesetzt. Das Abbild ist seine Erde, vor Lippenstift hat er Schiss.

Gimme Shelter, ein Film der Maysles-Brüder, der größte Dokumentarfilm der Welt über die größte Band der Welt. Es ist 1969, das Jahr des Endes, ich werde sagen warum, ich werde sagen wie. Mick und Keith sind im Aufnahmestudio, auf das Abmischen von *Little Queenie* konzentriert, einem Cover von Chuck (Berry), das live hundertprozentig funktioniert, denn es ist für die Bühne gemacht. Sie sitzen am Mischpult, die Kamera steht ihnen gegenüber, geht vom einen zum anderen der aneinander gefesselten Kumpel, fährt sehr nah an sie heran. Keith hebt ein erstes Mal die Augen, dann ein zweites Mal, und das dritte Mal explodiert er. Er ist diese Kamera leid. So kann man sich echt nicht konzentrieren. Man kann nicht zwei Dinge gleichzeitig tun. Lasst uns doch wenigstens beim Abmischen in Ruhe. Scheiße noch mal. Keith, der tiefsinnige Bluesman, kann es nicht ertragen, dass man ihn so filmt, wenn er gerade versucht, das Wesen des

Songs zu treffen. Mick regt das gar nicht auf. Die Kamera nervt ihn nie. Kaum dass er ihre Gegenwart bemerkt. Sie ist für ihn ein vertrautes Tier, eine zweiter Natur.

Jede Natur ist die zweite.

Während der Amerika-Tournee von 1969, der letzten – ich werde sagen wie und warum – fragt Manager Ron Schneider Mick und Keith, ob sie unterwegs in Detroit ein zweites Konzert geben wollen – wo wer noch im selben Jahr den Staffelstab übernehmen sollte? Ihr checkt einfach nichts. Sofort sagt Keith: „Ja, natürlich, *of course*, je mehr man spielt, desto besser, daher ist zweimal besser als einmal, Musik mach ich lieber doppelt statt einfach." Mick sagt nichts dazu. Er schweigt. Er denkt nach. Fragt: „Wie lange haben sie gebraucht, alle Karten für das erste Konzert zu verkaufen?" „Eine Woche", sagt Schneider. Da sagt Mick: „Nein. Wenn es eine Woche gedauert hat, sind wir weit von der Überbuchung entfernt und werden uns abstrampeln müssen, das zweite voll zu bekommen. Damit riskieren wir, vor leeren Sitzreihen zu spielen." Keith wird klar, dass er das nicht bedacht hat. Er schließt sich erst nach einer Weile den Überlegungen seines

Freundes aus Dartford an. Wenn es nur einen leeren Platz gibt, spielt er nicht, sagt er mit dem Eifer des frisch Konvertierten. Keith war schon immer ein Spätzünder. Mick ist näher am Funken, er fasst die Frage sofort nach den Regeln des Showbusiness auf, und dass ein leerer Platz für schlechte Vibrations sorgt, ist ja bekannt – Mick, der Performance-Unternehmer und Fun-Ingenieur. Den Franzosen gefällt das nicht, sie schätzen das Authentische. Deshalb ist Keith ihnen lieber. Sie haben Recht, Mick hat nicht mehr Tiefe als seine Haut, keine Erinnerung als seine Empfindungen, er kommt nicht von weit und nicht von woanders her, er ist ganz hier und jetzt. Geprägt von dem, was ihm gerade begegnet, einmal ist es die absolute Wahrheit, am nächsten Tag schon die Lüge.

Alles nur Nepp.

Hyde Park, 5. Juli 1969, 300 000 Zuschauer, die größte Band der Welt gibt das größte Konzert der Welt, ich war dabei. Nach der Hälfte spielt die Band *Love in Vain*, einen tiefen Blues von Robert (Johnson), den größten Song der Welt. „Well I followed her to the station with a suitcase in my hand." Mick ist an den Rand der Bühne getreten, immer so nah wie möglich ran an die erste Reihe. Das Doppelmikrofon hat er in der rechten Hand, mit der linken spricht er zur Menge, packt sie virtuell am Kragen. „When the train came in the station, I looked her in her eyes." Als er „I looked her in her eyes" singt, zeigt Mick mit der freien Hand auf sein linkes Auge. Dass „eyes" Augen bedeutet, ist gerade beim vorwiegend britischen Publikum im Hyde-Park ausreichend bekannt. „I looked her in her eyes", den Finger auf ein Auge gerichtet, ist an der Grenze zur Redundanz, es ist grotesk und auch lächerlich. Mick überspielt diesen Vers, um ihn besser zu verkörpern, ihn zu stützen, ihn durchzusetzen. Ihn zu verkaufen. Mick ist das Vorzeigeprodukt der Band, ihre Auslage, ihre Schaufensterhure, die sich schamlos präsentiert und ruhig darauf wartet, dass einer anbeißt. Mick ist der Handelsvertreter der Stones, er würde, um den Laden am Laufen zu halten, seine Seele dem Teufel verkaufen, das heißt sich selbst. Und mit seiner Gerissenheit würde er auch einen guten Preis bekommen.

In der Fernsehshow von Ed Sullivan willigt Mick ein, „Let's spend some time together" zu singen statt „Let's spend the night together", weil das für amerikanische Ohren von 1966 zu aufreizend ist. Jim Morrison, der ein paar Monate vorher in der Sendung auftrat, kippte den Deal; erklärte sich zwar bereit, die tendenziösen Worte von *Light My Fire* wegzulassen, betonte sie aber zum gegebenen Zeitpunkt ganz besonders. Morrison ist ein Purist, ein Mann mit Prinzipien. Ein ganzes Leben ohne Kompromisse, in einer Junkie-Badewanne gescheitert. Puristen würden ihr Leben geben, um ihre Ehre zu retten, erstens weil sie ein großes Ehrgefühl haben, zweitens weil sie das Leben so wenig lieben. Mick liebt es zu sehr, um es zu opfern. Er ist nicht in einer Badewanne gestorben, sondern aufrecht, mitten im Leben, an einem Dezemberabend in Kalifornien.

Ich werde sagen wie, ich werde sagen warum.

„Alright“ sagte Mick zu Ed Sullivan . Alright, ich werde sagen, was Sie wollen, ich sage auch „Let's spend some chocolate together“, wenn Sie das wollen, oder „Let's go to school together cause we like it so much“. Mick hängt nicht an jedem Komma wie an seinem Augapfel. Mick sieht sich nicht als Schriftsteller, Autor, unerforschter Kontinent, unbefleckte Seele. Er ist überall befleckt, er ist nicht jungfräulich geboren, außerdem von einem Zug

verbeult und von dem Jahrzehnt, das er tanzend verkörpert, dessen Auslage, dessen Schaufenster er ist – der kleine Teufel, der seine Seele verkaufen würde. Also alright, er verrät an dem Abend nicht seine Verpflichtungen, singt brav „Let's spend some time together" und hebt dabei jedes Mal seine Augen zum Himmel, um sich davon zu distanzieren, aber sein Blick zum Himmel ist wieder Show – alles Show, auch das, was ihn befleckt. „Alright darling", sagt Mick und macht sich's in den Zwängen gemütlich.

Kleine Nutte.

Brich vor allem nie einen Vertrag, das ist nicht gut. Das Geschäft hat Regeln, die man respektieren muss. Stell dich immer mit allen gut. Die *Ed Sullivan Show* verkauft gut. Wenn du dort deine Single vorstellst, kannst du sicher sein, dass sie am nächsten Tag an der Spitze der Charts steht. Zu diesem Zweck sind alle oder fast alle Mittel recht. 1966 nimmt Mick eine italienische Version von *As Tears Go By* auf: *Con le mie lacrime*. Grotesk, aber er hätte das auch in allen anderen Sprachen gemacht und ohne Seelenkrämpfe die entsprechende Nachfrage befriedigt. Frankreich: *Avec les miennes larmes*. China: *Meine Tränen tropfen auf die*

Dschunke. Marokko: *Weine, kleines Kamel.* Unbefleckte wie Morrison oder Cobain würden so etwas rundweg ablehnen, und wenn sie aus Versehen einmal nachgegeben hätten, müssten sie sich nachher umbringen. Mick bringt sich nicht um, er kennt kein schlechtes Gewissen – das braucht Abstand. Er steht mit beiden Beinen auf dem Boden der Tatsachen, bis zum Hals steckt er in diesem Geschäft mit drin. Pragmatisch bis zum Tod, bis zum Leben, ein totaler Realist. Außer Keith und ihm durfte kein anderes Bandmitglied als Komponist genannt werden, obwohl die anderen ihm damit ständig in den Ohren lagen. Um sich die Führung in der Band zu sichern, drängte er Brian systematisch an den Rand. Expedierte den Manager Allen Klein 1969 zu den Beatles und irritierte damit

die Konkurrenz.

„It's my work and I do it pay", lässt Dylan seinen Boxer namens Hurricane sagen. Mick könnte diesen Satz auf sein Konto verbuchen. Mick ist ein Profi, darin ist er amerikanisch, ganz unfranzösisch. Was ist ein Profi? Einer, für den Arbeit Arbeit ist. Das heißt: nicht nichts, aber auch nicht alles. Nicht nichts: es gut machen. Nicht alles: nichts von sich geben. Wenn Mick auf die Bühne steigt, hat er sein Innerstes abgelegt und zu Hause gelassen, wo er nicht ist. Die Show ist sein Job, dafür wird er bezahlt. Wenn's Spaß macht, umso besser, aber das Innere bleibt draußen, backstage, das heißt nirgends, denn die Welt ist eine Stage ohne Back. Mick ist ohne Eingeweide geboren, der Zug aus Dartford hat sie beim Vorbeifahren mitgenommen. Mit dem Inneren kann man kein Konzert machen, das macht man mit den Beinen und mit dem Kopf. Mit dem Kopf, das ist wichtig. Mick vergisst sich nie auf der Bühne. Er spricht wohl von Trance, um den Zustand zu beschreiben, in den ihn die Show versetzt, und seine Bewunderer würden sicher behaupten, dass sein Herz im Rhythmus der Beats von Drummer Charlie schlägt. Doch Mick fällt nicht in Trance. „Niemals Drogen vor dem Auftritt", erklärte er dem Schriftsteller Stanley Booth, als der ihm welche anbot. Damit die Show gut wird, darf man sich nicht vergessen. Muss an alles denken. Anders als die Doofen glauben, ist Fun eine Sache der Kontrolle. Im Zusammenhang mit *Ready Steady Go*, einer damaligen Kult-Fernsehsendung, sagt Mick: „Wenn man live spielt, übt man drei ganze Tage. Zwei Tage verbringt man damit, den Sound und das Bild zu testen. Und das alles für zehn Minuten

Auftritt." Findet er diese minutiöse Vorbereitung also übertrieben? Überhaupt nicht, hört mal, was danach kommt: „Das nenne ich richtig gute Arbeit! Das müsste man immer so machen, statt nur so zum Spaß zwei Songs auf den Gitarren runterzuschrubben, wie wir das sonst tun. Fernsehen, das ist ein richtiger Auftritt, der lange Proben verdient. Man kann nur spontan sein, wenn man gut geprobt hat und alle Techniker genau wissen, was man machen wird."

Richtig gute Arbeit.

Gimme Shelter 1969, die beste Doku der Welt über die größte Band der Welt. Madison Square Garden in New York, ich war dabei. Mick kommt auf die Bühne, in ein Cape von Monsieur Loyal gehüllt, einen Uncle-Sam-Zylinder auf dem Kopf und einen Schal hinter sich her schleifend. Lebhaft wie ein Eichhörnchen, glücklich wie ein Lottogewinner. Doch schon bei den ersten Lyrics beginnt er zu blinzeln und unsichtbar die Stirn zu runzeln. Ohne mit dem Singen aufzuhören, wirft er Blicke an den rechten Bühnenrand. Eine Zeile, ein Blick nach rechts, noch eine Zeile, noch ein Blick nach rechts. Beides zugleich, das ist stark, mit der Show weiterzumachen und dem Typ vom Sound gleichzeitig zu verstehen zu geben, dass die Bühnenlautsprecher schlecht ausgesteuert sind. Und das alles im Chaos von *Honky Tonk Women.* Unerschütterlich macht er weiter. Aber man sieht ihm den Ärger an. Man ahnt, dass Mick ein Typ ist, der hinter der Bühne ganz schön rumbrüllen kann. Muss ein paar heftige Rausschmisse auf dem Gewissen haben – seinem fehlenden Gewissen. Irgendwelche Typen, die vor dem Auftritt sein Mikrofon schlecht angeschraubt oder das bei dieser US-Tournee am Ende jeder Show obligatorische Aufsteigen der Ballons vermasselt haben. Man kann über alles und mit jedem lachen, aber beim Auftritt hört der Spaß auf.

Die ganze Konstruktion beruht auf der Show, und bei den Stones hält Mick den Laden zusammen. Er hat das Kommando, er leitet die Geschäfte. In *One + One*, dem Film des größten Regisseurs der Welt über die größte Band der Welt, sieht man ihn, Zettel in der Hand, sekundiert vom Gefreiten Keith, von einem Barhocker aus das Manöver leiten: Training der Komparsen für *Sympathy for The Devil*, den größten Song der Welt. Bill an den Maracas und Charlie am Schlagzeug haben mit der Samba-Percussion des Intros losgelegt, der Gesang setzt ein. „Please allow me to introduce myself, I'm a man of wealth and taste." Bis dahin geht es, Keith hat, wie es sich gehört, am Bass angeknüpft, und die Rhythmusgitarre spielt ihren Part. „I've been around for a long long year, stole many a man's soul and faith." Nun kommt der Moment, an dem Charlie mit einem klaren Trommelschlag den Auftakt für den Refrain geben soll, doch der Idiot verspielt sich. Es ist schon das dritte Mal, dass er sich verspielt. Beim ersten Mal sagt Mick: „Fangen wir noch mal an." Beim zweiten Mal schnauft er und sagt: „Fangen wir noch mal an." Und jetzt, leise grummelnd: „Oh Charlie." Eher enttäuscht als wütend. Verblüfft über soviel Inkompetenz, statt zu toben. Ihm liegt an diesem Song. Und warum liegt ihm an diesem Song? Weil er das Meisterwerk ahnt und zum Olymp der Kunst aufsteigen will? Weil er den Hit ahnt und in die lukrative Spitze der Charts aufsteigen will? Künstler oder Geschäftemacher? Musik oder Business?

Beides, untrennbar verbunden.

Mit der englischen Rockmusik in den Sechzigern ist es vielleicht so ähnlich wie mit Hollywood in seiner klassischen Phase. Eine Art liberale kommunistische Utopie, wo ökonomische und künstlerische Interessen Hand in Hand gehen, wo Talent und Geschäft sich gegenseitig befruchten, wo Konkurrenz ein Wettstreit um Klasse ist. Wo die Stärksten die Meistverkauften sind und die Meistverkauften die Stärksten. Ein wunderbares, fragiles, prekäres Gleichgewicht. Ein Drahtseil, auf dem sich Seiltänzer Mick souverän bewegt, mit dem Risiko kleiner Schwankungen, wenn sich das Angebot ein wenig zu blind der Nachfrage anpasst. Als 1967 Psychedelisches verlangt wird, macht Mick Psychedelisches. Nur will sein Körper das nicht, und man spürt die Folgen, die ihn fast aus dem Rennen werfen, in den Abgrund eines Misserfolgs ohne Wiederkehr.

1969, nach seinem Tod, ich werde sagen wie und warum, passiert genau das Gegenteil von 1967. Das Gleichgewicht ist nicht mehr da. Diesmal bestimmt das Angebot die Nachfrage. Die vom toten Mick mitgerissenen Stones setzen ihre Marke durch, und die Menge folgt ihnen, weil sie an den Signifikanten glaubt, dessen Stempel die Produkte tragen. Man spricht oft davon, dass Künstler durch ihr Schielen nach hohen Verkaufszahlen verdorben werden. Weniger von der damit eng verbundenen Schwäche des Publikums, sich vom bloßen Namen eines Künstlers einlullen zu lassen. Von nun an machen die Stones die Stones, nichts als die Stones, und die Menge, die weniger fähig ist als früher, schraubt ihre Ansprüche herunter. Da reagiert nichts mehr miteinander. Ab jetzt heißt es: Ich spiele den Star, du spielst die Menge – man begegnet sich nicht mehr. Ich liefere, du konsumierst, kein Ineinandergreifen mehr, kein Funkenflug, kein gemeinsames Feuer.

Jetzt redest du aber von den Stones der letzten Jahre.

Ich rede von 1971, meine Lieben. 1971 sind alle Symptome bereits vorhanden. Im März die Steuerflucht nach Südfrankreich. Die Hochzeit des toten Mick mit der großbürgerlichen Bianca in der Kirche von Saint-Tropez. Die totale Übernahme der Geschäfte durch die Stones. Die Gründung ihres eigenen Labels. Doch das ist nichts im Vergleich zu ..., das fällt kaum ins Gewicht in Hinblick auf ... Im Vergleich zu und in Hinblick auf was? Auf das Logo. Das Logo ist das Symptom des Todes. Bis dahin gab es keins. Die Stones erfanden ihre Kennzeichen ad hoc, und durch jedes neue Emblem wurde das vorige ungültig. Nun ist da diese in Frechheit erstarrte, ausgestreckte Zunge – die von Mick, wie man annehmen muss. Das genaue Gegenteil der echten, beweglichen Zunge, von der Groupies und Nicht-Groupies träumen. Bis dahin liefen sich die Stones selbst hinterher, 1971 kleben sie nur noch an sich selbst. Sie erholen sich, formieren sich neu, stutzen sich auf sich selbst zurück, konsolidieren sich. Zu diesem Zeitpunkt hängt Keith, der sich zehn Jahre lang Richard nannte, sein ursprüngliches s wieder an das Ende seines Namens. Sie sind jetzt erwachsen, das heißt, ihr müsst den Rückfall in die Kindheit verstehen. Die Stones, die vor ihrer lückenhaften Identität die Flucht nach vorn ergriffen hatten, sind nun gestandene Männer.

Und sitzen in der Falle.

Sprechen wir trotzdem vom Umzug. Dass die Stones im stinkreichen Süden Frankreichs Wurzeln schlagen, muss einen nicht sprachlos machen. Sie haben nicht erst seit gestern Kohle gescheffelt, und Geld ist bekanntlich ein Lebensnerv der Rockmusik. Moralisch ist ihnen dieser Auftrieb also nicht vorzuwerfen, technisch führt er jedoch zu einem Verlust oder besser: zieht ihn nach sich. Wohin sie auch fliehen, Hütte oder Palast, welche Frau sie auch wählen, Bianca oder Monique – der Bruch mit der Menge nimmt ipso facto den folgenden Platten die Kraft.

Sogar *Sticky Fingers*?

Sogar *Sticky Fingers*. *Sticky Fingers*, 1971, ist groß, da sind die Stones ganz groß. Aber es ist auch nicht mehr als die Stones. Die Stones lassen es hier ganz einfach nur rollen. Das läuft von ganz allein, spult sich in seinem eigenen Tempo ab. Lebt vom schon

Erreichten. Die Band tritt ihr Erbe an und verteilt es zu gleichen Teilen auf die Songs – Testamentsvollstrecker ihrer selbst. Drogen und Sex, bisher mit dem vom Rhythmus entfesselten Lebensstrom verschmolzen, werden nun in den Songtiteln – *Brown Sugar*, *Sister Morphine*, *Bitch* – angepriesen und als Sonderangebot offeriert, damit die zur Konsuminstanz gewordene Masse sich nicht in legitimer Unzufriedenheit darüber empört, ihren Teil Stones nicht bekommen zu haben. Der tote Mick und seine Band wissen inzwischen nur allzu genau, was sie tun. Wie sagt man? Sie sind auf dem Höhepunkt ihrer Kunst. Genau, das ist es. Das Problem ist, dass sie jetzt Kunst machen.

KUNST, groß geschrieben.

Die Beatles, und das ist ihnen vorzuwerfen, haben den Weg vorgegeben. Seit 1966 schließen sie sich in den Studios ein, schneiden sich von den lebendigen Kräften der Welt ab, machen ein Meisterwerk nach dem andern – lauter Meisterwerke, nichts als Meisterwerke. Und dann? Verkünden und vollziehen sie gleichzeitig den künstlerischen Sprung der Siebziger: Konzeptalben von The Who, Philharmonieorchester und die zwanzig Kilometer langen Stücke von Pink Floyd, Oscar-Wilde-Anklänge bei David Bowie, literarisches Über-Ich bei Lou Reed. Sie alle machen genau genommen keinen Rock mehr, sie machen Kunst, erfinden Welten, entfalten weite innere Landschaften, in denen sich elektrische Gitarren, die vom Thron gestürzten Helden der vorangegangenen Epoche, verlieren. Habt ihr das nicht gemerkt? Ihr merkt auch nichts, euch ist doch alles egal. Euch ist gar nicht aufgefallen, dass zwischen 1970 und 1975 die E-Gitarre in den Hintergrund tritt. Dass sie nur noch in den langen ekstatischen Soli überlebt, die den Rock zur Metaphysik erheben, um ihn gleichzeitig abzuschaffen.

Die Stones machen vor *Sticky Fingers*, vor ihrem Tod, keine Meisterwerke mehr. Sie bleiben beim Rock, dem missgestalteten, buckligen Körper, verkrüppelt durch den Zusammenstoß eines Gitarrenakkords mit der Welt. In diesem Schlamassel ist jeder Takt eine der Unordnung abgerungene prekäre Ordnung, jede Strophe eine Bruchbude auf lockerem Boden. Jede Sekunde kann das wacklige Gebäude einstürzen, es schwankt bei halsbrecherischen Übergängen in schlecht gemachten Coverversionen. Begreift ihr das nicht? Ihr solltet es euch anhören, aber das macht ihr nicht, ihr hört die Stones nicht. Die Stones sind die größte am wenigsten gehörte Band der Welt. Ihr kennt *Heart of Stone* von 1965 nicht. „Oh no no, you'll never break this heart of stone." Ihr habt nicht im Ohr, wie Keith sich aus dem Stegreif einmischt. Hoch wie Nonnengesang, an der Grenze zum Falschsingen – wie immer bei Keith – und vor allem: überhaupt nicht richtig verwertet, nicht optimiert durch die große Studio-Armada, einfach hingeklatscht und so belassen, kaum begonnen, schon vom Shunt verschluckt, so dass man sich fragt, ob man richtig gehört hat, mein ganzes Leben werde ich mich das fragen, bis an die Schwelle meines Todes wird mich das umtreiben.

Nie wirst du mein steinernes Herz brechen.

Man muss wissen, wie das damals mit Background-Chören gelaufen ist. Wer sind denn in *One + One*, dem größten Film der Welt, die sechs, die unter dem herunterhängenden Mikrofon um Keith herumstehen? Drei Stones, Bill, Brian, Charlie, ein Unbekannter, eine zufällige Bekanntschaft oder so, und zwei Mädchen, die eine im Profil, weißes Kleid und Riesensonnenbrille, man erahnt die LSD-Süchtige, als große Dame mit blauem Hut verkleidet, die andere von hinten, blond, in eine Decke gewickelt. Vielleicht sind es Anita Pallenberg und Marianne Faithfull, die Freundinnen der beiden Komponisten, oder One-Night-Stands, mit denen sie in der Nacht davor geschlafen haben, dort, im Studio, sie sind gerade aufgewacht (daher die Decke), man braucht einen Chor, man sagt ihnen, stellt euch da hin, sie sagen, wir können das nicht, man sagt ihnen, ihr müsst nichts können, ihr müsst nur alle drei Sekunden Hu-hu machen. Jeder kann das, sogar Charlie, dem es egal ist, auch Bill, der kaum die Lippen bewegt. Selbst Brian, träge wie üblich. Die Eingemummte raucht, flüstert Keith etwas zu (es ist also doch seine Freundin oder vielleicht auch noch nicht). Keith sagt „Ja, ja" – so in der Art von „Ja, ja, ich dich auch" – gibt aber gleichzeitig den anderen ein Zeichen, dass jetzt der Refrain kommt und sie ein höheres Hu-Hu ausstoßen müssen. Und sie tun es, zwar nicht alle im gleichen Ton, nicht ganz synchron, Hu-Hu, ein Dreigroschen-Chor. Das ist total unprofessionell, total Rock, total überholt von den heutigen Arrangements, die an sich sauber und perfekt sind,

hygienisch wie feuchtes Toilettenpapier.

Total Rock ist auch das Album aus dem Jenseits, *Exile on Main Street* von 1972. Total Rock, nur im entgegengesetzten Sinn. Hier: absolute Meisterschaft, der Gipfel ihrer Kunst, Übereinstimmung mit dem Gegenstand. Rock mit dem „'n'roll" dahinter und „guter alter" davor. In ihrem vergoldeten *Exile* machen die Stones nur guten alten Rock'n'roll. *It's Only Rock'n'roll* ist folgerichtig der Titel des nächsten Albums. *Exile On Main Street* ist die vollständige und bewundernswerte Summe aller Unterarten: ein Stück Blues, eine Stück Boogie, ein Stück Folk. Die Stones leben inzwischen in Frankreich, im Land der Musik, und gelten als cool. *Sweet Virginia* ist der schönste Country-Song der Welt, aber es ist ein Country-Song.

Ein Lied vom Land.

Die ganzen Seventies surfen auf dieser Welle: Auflösung des Rock als Genre und back to the roots. Der „Rock 'n' people" der Sixties wird übersprungen und das demokratische Moment der Rockmusik nachträglich negiert. Nun fällt diese Rückkehr zu den Ursprüngen und damit teilweise auch zu den schwarzen Wurzeln mit dem Aufkommen des Südstaaten-Rock zusammen, der mit den grotesken Attributen der weißen Idiosynkrasie drapiert ist: Harley, Leder, Beschläge, yeaaaahhh, one again. Ein keineswegs paradoxes Paradoxon. Das Schwarze im Rock, das hätten die Gitarrenbiker wissen müssen, hat nichts mit den ehemaligen Sklaven zu tun, sondern mit dem ganzen Hin und Her, dieser Vermischung, die dem Rock zugrundeliegt: Blues und Country, der Süden und Chicago, Stadt und Land, USA und England. Die Rückkehr zu den Anfängen: Angeblich sollte der Rock durch Läuterung wiedererweckt werden; in Wahrheit hat man ihn damit getötet.

Die Rockmusik war wie ein Zug, einer von diesen Pionierzügen, vor denen man noch schnell die Gleise verlegte, aber in Kalifornien, wo Mick eines Abends verschied, ich werde sagen wie und warum, blieb er stehen und ist quasi dort festgewachsen. *Exile on Main Street* wurzelt tief in der bodenständigen Rockmusik, jedes Stück eine Bodenprobe, der vorläufig sichtbare Bereich einer dauerhaften Landnahme. Daher immer von Anfang an gleich mittenrein, in medias res (*Shake Your Hips*). Man ist ja mittendrin im Rock, das jeweilige Stück bestätigt nur diese von vornherein feststehende Ortsbestimmung. Die Band legt plötzlich los (*Tumbling Dice*, *Rocks off*), ganz ohne Intro, jene unverzichtbare Figur, ohne die der Rock nicht mehr der Motor der Veränderung ist, der er ist, ohne die auch die Stones, seit zehn Jahren die Kings der Intros, nicht mehr das sind, was sie drei Jahre vorher noch waren.

Gimme Shelter, 1969, größter Song der Welt. Als Vorhut eine Gitarre, vom leisen Atem des Anfangs gelockt, mit einer Figur, die schnell zu Kopf steigt, jede Note fliegt wie ein Kiesel an eine Wand, dann kommt noch eine Gitarre hinzu, gleichzeitig Chöre, beunruhigend wie ein Zug von Gespenstern, gleichzeitig das ungewöhnliche Kratzen eines Kamms. Das Stück lässt sich Zeit, hebt feierlich, aber ruhig an, zügelt die Energie, die es in sich weiß, verzögert die Explosion, die es zur rechten Zeit auslösen wird. Dann gibt, wie so oft, Charlie mit einem schweren Doppelschlag das Zeichen zum Start, und ab geht's: Keiths Rhythmusgitarre ist losgelassen und lässt uns vier Minuten lang nicht mehr los. Sie nimmt uns mit und trägt uns weit weg, vier Minuten lang sind wir getragen von der lächerlichen, großartigen Hoffnung auf ein menschenwürdiges Leben.

Im Intro beginnt die Welt bei Null. Es sagt, okay, sehr gut, hier sind wir jetzt, nicht allzu hoch, eher mittel, da können wir nicht stehen bleiben, wir schaffen das schon, den Berg zu versetzen, der uns die Sonne wegnimmt. Es sagt, Achtung, jetzt wird es ernst, es wird etwas entstehen, die Schatten werden verfliegen, ihr werdet die nächsten drei Minuten nicht unbehelligt überstehen, ihr werdet verändert daraus hervorgehen, die ganze Welt wird sich verändert haben, wir werden sie neu erfinden, von einem Punkt A wie Anästhesie zu einem Punkt B wie Badabumm bringen.

Vom toten Punkt zu den Lebenden.

Die Größe, die das Intro dem Stück anfangs eingehaucht hat, wird vom Break verstärkt, verdoppelt, vervielfacht. Nach zwei Refrains von *Gimme Shelter*, 1969, dem größten Song der Welt, setzt die Band aus. Keith hält einen Akkord und kündigt damit an, dass wieder etwas Neues kommt, und das ist der Break. Etwas wird die laufende Veränderung der Welt vollenden, und das ist der Break – ein Rock-Break, das heißt, das Intro wird nicht genauso wiederaufgenommen, sondern unter der fahrenden Lok wird ein völlig neues, aber passendes Gleis gelegt. Hier eine einzigartige Montage von etwa fünfzig Anschlägen, ein sparsames Solo, vom selben Riff dahinter gestützt, Kontinuität und Bruch aneinandergelehnt. Dieses Mal ist man sicher, dass das Stück, das so wieder aufgenommen wird, die Metamorphose zu Ende bringt, und ihr haltet wirklich bis zum Ende durch und geht erschöpft, erledigt aus *Gimme Shelter* hervor. Ihr habt soeben den chirurgischen Eingriff eines Steve Austin erlebt.

Ihr seid drei Milliarden wert.

Dann müsst ihr euch ausruhen, ihr verkraftet keine zwei Erdbeben hintereinander, deshalb findet man auf *Let It Bleed*, dem größten Album der Welt, nach *Gimme Shelter Love in Vain,* so wie man auf *Beggars Banquet*, dem größten Album der Welt, nach *Sympathy for The Devil No Expectations* findet. Zwei Balladen, fast Slows, auf identische Weise zurückgenommen. Zwei ruhige Gesellen. Doch das ist nur die rechtschaffene Müdigkeit nach der Revolution, nur der verbliebene Ernst nach großen Dingen. „Take me to the station and put me on a train, I've got no expectations. When the train came in the station, I looked her in the eyes. Oh it's hard to tell hard to tell

when all your love's in vain."

In den Breaks von *Exile on Main Street* gönnt sich das Stück eine Pause, um sich selbst besser genießen zu können, schreit das Glück des Musikmachens hinaus, überhäuft sich mit Liebe, lässt die Freude dauern, dehnt sich manchmal in lange improvisierte Segmente, jedes Mitglied der harmonischen Musikgemeinde nimmt einmal im Kreis Platz, um in Noten seine Zufriedenheit zu verkünden – they got it – da zu sein und rockandroll zu machen. Einfacher gesagt: Die Breaks auf *Exile on Main Street* rufen mehrheitlich nach einem Saxophon. Der Wind besänftigt das ruhelose Schwingen der Saiten und löst ohne eigene Akzente den Stoff in leichte Schichten auf, so dass kein Rest bleibt. Ob Freude oder Melancholie, das Saxophon kommentiert, was ist, und dreht nichts daran. Dass es sich in dieser Phase entwickelt, verblüfft achtsame Menschen wie mich nicht. Auch dass es zum ersten Mal 1969 in *Live With Me* auftaucht, dem Jahr, in dem alles kippt. Das Saxophon ist das Ende, es ist der Beginn der Herrschaft der Musik.

1969 beschließt ein Manager, einen sehr guten Sänger, einen mehr als bemerkenswerten Gitarristen, einen ultrakompetenten Bassisten und einen megastarken Schlagzeuger zusammenzubringen. Robert Plant, Jimmy Page, John Paul Jones und John Bonham werden Led Zeppelin. Das Künstliche an dieser Gründung interessiert keinen Menschen. Symptomatisch ist, dass die Band sich auf der Grundlage ihrer musikalischen Fähigkeiten bildet, ohne dass die Menge offensichtlich danach verlangt hat. Led Zeppelin siedelt in der Heimat der Kunst. Genau im Todesjahr der Stones entsteht diese gewaltige, auf ihrem Talent aufbauende Band und verteilt von ihrer Insel aus Meisterwerke an Millionen hingerissener Seelen. Sie wird vergöttert, aber nicht geliebt. Led Zeppelin ist eine große, einsame Band. Nun sind alle Rocker

allein.

Bei den Rolling Stones ist Brian Jones der Einzelgänger. Gitarrist, Band-Gründer und Einzelgänger. Als in *One + One*, dem größten Film der Welt, Mick voll im Bild *Sympathy for The Devil* in Gang setzt und Charlie sich verspielt, und Mick sagt: „Oh Charlie, du nervst!“, ist Brian nicht da. Also wie immer. Man weiß nicht wo, vielleicht unter dem unteren Bildrand versteckt oder hinter der akustischen Wand kauernd, die die Töne abschirmen soll, die er nicht mehr von sich gibt. In einem Jahr wird er tot sein. 1969, wie Mick, nur wirklich tot, schön schmutzig, schön düster. Ein Tod der Morrison-Schule, im Blau des Blaulichts, ein Tod zum Quadrat, als ob ein einfaches Ende ihm zu seinem Glück nicht reichte, ein überladener Tod, als wollte er so seine ewige Gemeinschaft mit ihm besiegeln. Im Grunde bewirkt Brians faktisches Ende keinen Bruch.

Er war immer schon tot.

Pete Townsend sollte am Tag nach besagtem Ende sagen: „Eigentlich ist es für Brian nur ein Tag wie jeder andere ... denn er starb jeden Tag ein bisschen." Brian war, wenn man genau hinschaut, schon tot geboren. Nicht für das Leben gemacht. Schon sehr früh Asthmatiker, das sagt alles. Leidend seit seinen ersten Atemzügen, hinkend schon bei den ersten Schritten. Mit den Stones wird er nie richtig mithalten können. Er ist oft ans Bett gefesselt, wenn die anderen Luftsprünge machen. Eine Sequenz unter hundert anderen: 27. August 1963, Konzert in Windsor, Brian fehlt – Asthmaanfall; am nächsten Tag im *Eel Pie Island Club* fehlt er wieder; dann fährt er ihnen nach Manchester nach, fühlt sich am folgenden Mittwoch wieder unwohl. Noch was zum Lachen? 1965 verpasst Brian die Hälfte der US-Tournee, sitzt mit 40 Grad Fieber in Chicago fest. Die anderen erobern den Westen, und er hustet in seinem Zimmer – er hat es nie mehr verlassen.

Noch mehr?

Wenn er nicht krank ist, sorgt er auf andere Weise für seine Abwesenheit. Das heißt, durch eine Atrophie des Begehrens. Ausdauer bei den Proben kennt er nicht. Einmal behauptet er, sein Chauffeur habe sich im Nebel verfahren. Die anderen lassen ihn reden. Fragen ihn, wie es dem Chauffeur und dem Nebel jetzt geht. Sie wissen, dass Vorwürfe nichts ändern und dass die Krankheit, nicht leben zu wollen, unheilbar ist. Am 8. Juni 1969 fahren Mick, Keith und Charlie zur Cotchford-Farm hinaus, wo sich Brian verkrochen hat, um ihm zu sagen, dass sie von nun an auf seine Dienste verzichten. Sie sind ein wenig nervös und tun sich schwer, zur Sache zu kommen – ich war dabei – doch als sie ihren Beschluss endlich verkünden, ist der Betroffene überhaupt nicht geschockt. Charlie: „Es war, als ob wir ihm eine Last von den Schultern genommen hätten."

Da das Leben auf ihm lastet, bleibt er aus Masochismus bei der Band. Sich vom Publikum herumstoßen zu lassen ist Brians Lieblingsspiel. Nicht absichtlich und zugleich doch absichtlich. An einem Abend in Bradford fragen die Stones, ob es möglich ist, zwischen den beiden Konzerten ins Hotel zu gehen. Ja, das waren noch Zeiten, als die Bands zwei Konzerte am selben Tag gaben, da seid ihr platt, wo ihr für euer Geld nicht mehr bekommt als einen wenig schweißtreibenden Fünfviertelstundenauftritt.

Kurz gesagt, die Frage an diesem Abend in Bradford ist, ob sie schnell genug sind, um das Hotel zu erreichen, bevor die Fanmeute über sie herfällt. Die Veranstalter sagen: „Ja, mit 400 pro Stunde." Das haben sie gesagt, 400, und damit haben sie Meilen gemeint. 400 Meilen pro Stunde, das ist der Rhythmus von Mick, Keith, Charlie und Bill. Aber da gibt es noch Brian. Alle rennen los, doch der Asthmatiker Brian kriegt bald keine Luft mehr. Er dreht sich um, sieht die hechelnde Meute, sagt sich, dass er es nicht schaffen wird, verzichtet auf die Rückkehr ins Hotel und steht auf einmal schutzlos mitten in der Furt, und während er so fragend dasteht, fällt die fanatische Horde schon über ihn her, reißt an seinen Kleidern, reißt ihn an sich, das heißt in alle Richtungen und wird ihn vor Liebe noch umbringen, soviel ist sicher. Zum Glück treibt die Polizei die Angreifer auseinander. Mit einem nackten Fuß und einem Büschel seiner Haare in der Hand geht Brian weiter. Vielleicht kann man das wieder ankleben.

Lieber Blondschopf.

Brian war mal ein Kind, und das ist sein Problem. Wenn euch erzählt worden ist, dass er am 28. Februar 1942 in Cheltenham geboren wurde, Mutter Klavierlehrerin, Vater Luftfahrtingenieur, schon als ganz Kleiner mit drei Jahren seine leukämiekranke Schwester verlor, darum schon als ganz Kleiner viel Kummer hatte und sich in die Musik verkroch, wenn man euch das gesagt hat,

hat man euch nicht belogen.

Das ist eine wohlbekannte, allgemein verbreitete Art des Zugangs zur Kunst, außer für Mick. Ihr seid unglücklich – unglücklich im Spiel des Lebens, unglücklich in der Liebe, ihr habt kein Glückslos gezogen – und keiner hilft euch. Zur Kompensation entwickelt ihr ein inneres Leben, Töne kommen euch in den Sinn, die Musik ist eure Hütte am Ende des Gartens, warum auch nicht, wenn ihr euch damit begnügt. Aber ihr wollt, dass jemand zu euch in die Hütte kommt, ihr wollt euch ausdrücken, den kleinen häuslichen Kramladen herzeigen, damit die andern zu Zeugen werden, damit die andern euch anerkennen, euch für das anerkennen, was ihr seid, denn ihr huldigt einer tiefschürfenden Ehrlichkeit. Ihr wollt, dass eure Gesten das getreue Abbild eurer Seele sind. Auf den Fotos macht ihr ein Gesicht, das etwas verbirgt, aus dem einem mindestens ein Knacks, zwei Wunden, drei Brüche, Frostbeulen der Seele entegenspringen. Ihr wollt, dass man euer Leiden wahrnimmt, ihr wollt die Welt mit euren trübsinnigen Melodien überziehen. Klar geht das nicht. Die Welt geht per definitionem über eure kranke Psyche hinaus. Sie ist bigger than you. Ihr fühlt euch verraten, verdammt, unverstanden. Jedes Stück Realität kommt euch wie ein Feind vor, jede Portion Leben wie eine Einmischung. Ihr brecht zusammen, werdet hässlich und verbittert, flieht in den Orient, zum Sitar-Geschrammel, zum Opium der unbewohnten Insel, zu der ihr geworden seid.

Ihr schmollt.

Robinson ist an sich selbst gescheitert, Brian schmollt. Die Stones sind schon 1963 nicht so, wie er sie haben wollte, als Auswuchs seines Inneren, als Projektion seines Selbst. Er träumt sich als Bandleader, aber die Mädchen sehen Mick an und haben dann nur noch Augen für den Leader. Er träumt sich als Komponist, aber die Zwillinge vom Bahnhof in Dartford nehmen das Heft in die Hand und glänzen, schließen ihn aus, nutzen ihn nur als Unterstützung, dulden seine Arrangements mit elektrischer Harfe und Tam-Tam auf Rollen voller Herablassung. Sie machen sich über ihn lustig, nennen ihn Mister Shampoo, weil er soviel Zeit damit verbringt, sich die Haare zu machen, um den Mädchen zu gefallen. Er hat nicht begriffen, dass im Rockland die Haare im Wind flattern müssen.

Brian liebt die Frauen, liebt es geliebt zu werden, liebt seine Mutter, liebt die Liebe seiner Mutter zu ihm und jagt ihr überall nach. Er landet in vielen Betten, hinterlässt überall Kinder, aber erkennt sie nicht an, weil er allein sein will. Er wirkt wie ein trauriger kleiner Junge, und die Frauen lieben ihn dafür. Sie sind ganz verrückt nach ihm, nehmen ihn in die Arme, er schmiegt sich zwischen ihre Brüste, das habe ich gesehen. Doch auch dieses Privileg wollen die anderen ihm nehmen. An einem Abend des Jahres 1962 kommt Mick in die gemeinsame Bude zurück, total blau, und besteigt versehentlich Pat, Brians damalige Freundin. Es ist die erste einer Reihe von Enteignungen. Nur dass es die anderen Male nicht mehr aus Versehen passiert. 1967 kommt der Gipfel. Brian ist mit der Schauspielerin Anita Pallenberg zusammen, ein guter Fang, auf den man stolz sein kann. Mit Keith reisen sie nach Marokko, um einen Freund zu besuchen, eine Auszeit zu nehmen.

Brian, der Schwächling, wird in Albi von einem Asthma-Anfall lahmgelegt. Das heißt, er bleibt am Straßenrand zurück. Die Starken und die Schwachen. Die Schwachen sind kurzatmig und bleiben in einer öden französischen Kleinstadt liegen, die Starken gehen mit der Freundin des Schwachen in die Pracht des Südens, wo sie sich nicht mehr genieren. Anita und Keith werden sich nie mehr trennen. Diesmal hat Brian begriffen: Sie haben mir meine Musik und meine Band genommen, und jetzt nehmen sie mir auch noch die, die ich liebe.

Die Starken und die Schwachen.

Während der Aufnahmen für *Beggars Banquet*, das größte Album der Welt, sind Mick und Keith ziemlich genervt. Brian ist nicht nur überflüssig, er ist zu einem Bremsklotz für die Musik geworden, an der sie gerade bosseln. Also setzen sie ihn ins Studio, erlauben ihm, das Ziegenfell zu behalten, mit dem er sich zudeckt, und sagen so sanft wie möglich: „Okay, Shampoo, spiel uns was vor, leg die Gitarre, die dir gefällt, auf das Stück, ja, ja, spiel nur auf dieser Djembé aus Gnufell, wenn du willst, tu, was du willst, du bist der King, du bist der Chef, du bist der Leader, du bist ein

Genie, Brian." Er tut es. Und sie hören nicht zu. Sie wissen schon, dass sie die Bänder nicht aufheben werden.

Die Bänder verschwinden mit ihm im Orkus.

Brian schrumpft wie Chagrinleder. Bei *Beggars Banquet*, dem größten Album der Welt, ist er noch ein wenig präsent, auf *Let It Bleed*, dem größten Album der Welt, spielt er nur in zwei Stücken mit. Dazu muss man sagen, dass Brian sechs Monate vor dem Erscheinen des Albums angekündigt hat, er werde die Band verlassen. Wie ein Typ, den schon lange keiner mehr wahrnimmt, plötzlich aufsteht und mit großem Tamtam die Party verlässt, „Nein, nein, meine Entscheidung ist getroffen, versucht nicht, mich aufzuhalten", aber niemand versucht ihn aufzuhalten, seine Entscheidung ist allen herzlich egal, sie kommt ihnen höchstens gelegen: So, den wären wir los. Am 9. Juni 1969 macht Brian seinen Ausstieg offiziell, und schon am nächsten Tag stellen die anderen seinen Nachfolger, Mick Taylor, der Presse vor. Die Friedhöfe sind voller unersetzlicher Menschen. Sie hatten Brian schon ersetzt, sie warteten nur noch darauf, dass er ein wenig losließ. Einen Monat später wurde ihr Wunsch erfüllt.

In der Nacht vom 2. auf den 3. Juli wird Brian tot im Swimmingpool seines Landguts in Hartfield, Sussex, gefunden. Zu Hause gestorben, eigentlich nie von dort weggewesen. Überdosis oder betrunken ertrunken. Oder ermordet, wie manche meinen, daher Mythos, Faszination, Aasgeier am Sarg. Ich habe Untersuchungen angestellt und sage: Asthma-Anfall. Es gab Asthmaspuren an einem Haar. Er ist gestorben, wie er gelebt hat. Atemmangel, Mühsal des Lebens. Er hielt den ganzen Lärm nicht mehr aus und sprang in den Pool, dann blieb ihm dank Asthma der Atem weg, er wollte in der Stille des Wassers bleiben, er wollte, dass der Rummel der Welt aufhört, dass sich der große Zirkus mit Mick als Akrobat, Clown, Dompteur und dressierter Seelöwe in Luft auflöst. Als Brian 1967 wegen Drogenbesitzes verhaftet wurde, fand Mick eine Formulierung, die er Wort für Wort an seinem Sarg hätte wiederholen können: „Es war zu viel für ihn. Er war ein zu empfindsamer Junge. Sein Geist konnte all das, was ihm passierte, nicht ertragen.“ Wehe den Schwachen, die die Liebe der Menge wollen, aber der Umarmung nicht standhalten können. Wehe denen, die ein Plebiszit ohne Volk wollen, wehe denen, die dem Publikum den Rücken zukehren, wie Brian beim ersten Stück 1967 im *Olympia*, aber auf den Mund geküsst werden wollen.

Am Tag nach Brians Tod ruft Mick die drei anderen zusammen, um über die einzig wichtige Frage zu entscheiden: Was wird jetzt mit uns Lebenden? Friede sei Brians entfleuchter Seele, aber entscheidend ist: Was wird aus uns? Nehmen wir die ausstehende Einladung in die Sendung *Top of The Pops* an? Die anderen sind dagegen, man sollte doch ein Mindestmaß an Pietät wahren. Mick kann sie schließlich dazu überreden. Tote sind ja bekanntlich stumm, mit ihnen kann man sich immer irgendwie arrangieren. Da braucht man nur zwei Minuten zu überlegen. Das Gratiskonzert im Hyde-Park zum Beispiel, seit langem geplant, wird zwei Tage später einfach zur Hommage an Brian umfunktioniert.

Was haltet ihr davon?

Hommage oder nicht, es ist eine Show. Oder vielmehr ist die Hommage nur eine Art Show mit einem spezifischen Ablauf, dem man sich beugen muss. 300 000 Menschen werden erwartet, das darf man nicht versäumen. Das ist wichtig für das weitere Leben. Mick will ganz am Anfang ein Gedicht vorlesen. Er hat sich vorbereitet, hat es gelesen und wiedergelesen, damit er sich nicht verspricht. Bevor er die Bühne betritt, versichert er sich bei einem Assistenten, ob das Publikum darüber informiert ist, dass er einen Text lesen wird, damit es keine Missverständnisse gibt, damit alles gut läuft und die Lebenden sich unterhalten. Damit alles alright ist. Als er mit dem Buch in der Hand auf der Bühne steht, ist das sein erstes Wort ins Mikro: „Alright." Alles gut, alles recht, alles in Ordnung, „Okay, let's go", es geht los, wir fangen an, wir machen weiter.

Wir werden leben.

Keine Spur von Traurigkeit ins Micks Gesicht, als er die Bühne mitten im Hyde Park betritt. Ernst schon, wir sind ja keine Monster, aber man sieht vor allem die Konzentration dessen, der es gut machen will. Mick fürchtet vor allem, dass die Menge seine Inszenierung verdirbt, dass sie anfängt zu kreischen, wie üblich, wenn Musik angekündigt ist. Als er ein paar schrille Schreie dieser Art hört, bricht er jäh ab. „Are you gonna be quiet or not?" Dann öffnet er sein Buch auf der markierten Seite – *Adonais*, ein Gedicht von Shelley: „Still, still! Er ist nicht tot, er schlafet nicht, erwacht ist er aus dieses Lebens Traum, wo wir, von Wahn umtost und Alb-Gesicht, vergebens fechten gegen Schemen-Schaum und rasend stechen ein auf Nichtse, die kaum durch Geistes Dolch zu treffen sind. Stirb, wenn du finden willst, was du suchst, geh, wohin alles entschwindet."

Das Leben ist ein Traum, der Tod ist wirklich – genau das Gegenteil von Mick mit seiner natürlichen, praktischen Philosophie. Mick ist genau das Gegenteil von morbid, genau das Gegenteil von romantisch, und kaum ist die Lesung zu Ende, hat er das Buch neben das Schlagzeug gelegt und kehrt ans Mikrofon zurück. „Alright", sagt er noch einmal. In zwei Worten. „Al-right." Alles-gut. Alles-recht. So wird das nekrophile Gedicht dank Mick zu einer Hymne des Lebens. Und jetzt wollen wir singen. Ohne uns dazu zwingen zu müssen, denn wir haben einen Hang zur Freude, ohne heimliche Tränen, denn unser Herz ist aus Stein, unser Herz ist

Rock.

Groß war die Show im Hyde Park, doch schon am nächsten Tag stellt sich ein altbekanntes Problem. Tradiertes Dilemma, alte Skrupel. Wenn er nur auf das Leben hörte, würde Mick sofort nach Australien fliegen, wo die Dreharbeiten zum Film *Ned Kelly* auf ihn warten. Eine Verschiebung wäre ein Zeichen der Trauer. Er fliegt sofort, einen Tag vor der Einäscherung Brians, sollen ihn doch die Toten begraben. Marianne Faithfull, seit zwei Jahren sein Girlfriend, entschlossen, ihn ans andere Ende der Welt zu begleiten, äußert vielleicht Bedenken, erwähnt vielleicht den moralischen Sicherheitsabstand, der in der Alten Welt gilt. Vielleicht. Ich weiß es nicht. Damals war ich nicht dabei, ich hatte Asthma. Jedenfalls fliegt sie mit ihm. Drei Tage später schaut sie in einen Spiegel und sieht das Gesicht von Brian. Panik, Entsetzen, Gewissensbisse, sie schluckt ein Röhrchen Schlaftabletten und ist knapp davor, ganz in sein bleiches Spiegelbild einzugehen.

Mick sieht nichts Derartiges im Spiegel. Medikamente benutzt er gewöhnlich, um sich mitten ins Leben zu katapultieren. 1969, als ihm Marianne auf der US-Tournee telefonisch mitteilt, dass sie mit einem Regisseur nach Italien geht, soll Mick eine halbe Stunde später eine Pressekonferenz geben. Alright. Er bittet einen der Vasallen, die die Gruppe ständig versorgen, um Valium. Nimmt davon nur so viel, wie er braucht. Nur, was er braucht, um große Töne zu spucken. Sie haben *I can't get no satisfaction* gesungen, fragt eine Journalistin, und wie ist das heute? Mick lächelt, denkt nach, sucht und findet den richtigen Dreh: „Sexuell mehr befriedigt als je zuvor. Finanziell unbefriedigt. Philosophisch wird noch geübt.“

Wegen dieser instinktiven Nicht-Nähe zur Tragödie taugt Mick nicht als Legende. Ein bisschen Gefängnis, viel Schwefel, sechshundertfünfzig etwas fragwürdige Huren, aber nie dieses Abwesende, dieser Anflug von Geheimnis, diese Fallgruben gothischer Herrenhäuser, die den Kult nähren. Mick ist ein oberflächlicher Mythos, ein Mythos aus reiner Materie, ein überhaupt nicht mythischer Mythos. Er ist auf verzweifelte Weise ein Mann aus Fleisch und Blut, konkret wie ein Stein, greifbar wie das Fell eines Affen. In ihm ist nichts von der Leere, in die sich die grausame Ironie der Götter mischt, nichts vom Humus der Bitterkeit und vom Selbsthass, aus denen das schlechte Gewissen keimt. Mick ist der letzte glückliche Rockmusiker.

Unter den internationalen Popstars ist Mick der Einzige, dessen Lächeln ein Erkennungszeichen ist. Schaut euch doch mal bei den anderen um! Entweder lächeln sie überhaupt nicht, oder sie setzen eine Sado-Maso-Grimasse auf, oder sie tragen eine machiavellistisch-pervers verzerrte Fratze à la David Bowie zur Schau. Aber ein erstklassiges Lächeln, groß wie eine Brücke und voll wie der Mond, das nie. Außer Mick, der sich immer freut, unter Menschen zu sein, mitten im Leben.

Freude ist das Gegenteil von Glück.

Es ist dieses Lächeln, das man ihm nicht verzeiht. Macht doch mal den Test, haltet auf der Straße eine Million Menschen an, und wenn ihr wunderbarerweise einhundert Rockfans findet, dann fragt sie, wer für sie die drei größten Rockmusiker der Welt sind. Micks Name wird nie fallen. Und wenn er endlich genannt wird, dann habt ihr mich gefragt. Und wenn ihr mich das fragt, dann habt ihr mein Buch gelesen, in dem ich von euch verlangte, diese Frage auf der Straße zu stellen. Ja, ihr habt es gelesen und seid nicht ganz einverstanden. Ihr schwärmt für die Düsteren, die Verwitweten, die Ungetrösteten, die Untröstlichen. Allerhöchstens würdet ihr Micks sprichwörtlichen Schmollmund behalten, weil darin wenigstens ein bisschen Seele steckt. Aber in diesem Punkt

täuscht ihr euch.

Micks Schmollmund war nie einer. Besser gesagt, keiner der beiden, denn er spielt mit zwei Varianten. Einer übertriebenen, eigentlich arroganten Variante, bei dem die Lippen ein umgekehrtes U bilden, einer Zirkusgrimasse. Die andere, entspannte, auf den Fotos, ist nur allgemeiner Lockerheit zuzuschreiben; sie entspricht der natürlichen Position der geschlossenen Lippen und signalisiert keine unterschwellige Melancholie. Nur das Stigma der Unbeweglichkeit, die jemandem auferlegt wird, der Unbeweglichkeit nicht schätzt. Der Schmollmund des in der Fotopose Festgehaltenen, der sich endlich wieder in Bewegung setzen, ins Leben zurückkehren, die Dunkelkammer verlassen und die

Bühne betreten will. Der Schmollmund des Kindes, das an seinen Pflichten festhängt und die Freunde unten spielen sieht und darauf brennt, dabei zu sein, wo das Lebendige brodelt. In Interviews zwischen zwei Tourneen spricht Mick ständig darüber, wie er der großen Parade der Konzerte entgegenfiebert. Dass es endlich wieder losgeht. Nur Fun in Sicht. Kein bisschen Angst. Nie kotzen müssen und nie das Bedürfnis nach Rückzug, kein abergläubisches Ritual, kein Training in tantrischer Atmung. „Ich habe zweimal Lampenfieber erlebt, am Anfang der Stones, seitdem nie wieder. Nicht einmal, als ich vor 40 000 Menschen für die griechische Königin spielte."

Arroganz des Gesunden.

Was macht Micks Kopf auf der Bühne, was macht er fast ständig? Er macht Grimassen, wie gesagt; er lächelt, wie gesagt; er sieht der Menge in die Augen und sagt: „Nehmt mich, ich gehöre euch." Er fordert, dass die Spots ins Publikum gehen, und sagt: „Ihr seid noch viel schöner als ich." Demagogie oder Agoraphilie, wie gesagt, das alles wurde schon gesagt, doch, doch, es wurde gesagt, nur ihr habt nicht zugehört, ihr passt nicht auf. Vor allem aber nickt er, Micks Kopf. Wie bei einer Puppe, die die ganze Zeit Ja sagt, ein rasch aufeinanderfolgendes Auf und Ab, ein winziges Rucken des leicht erhobenen Kinns, der Rest folgt, immer wieder, der Kopf wird Rhythmus. Euer Kopf nickt auch, aber in so langen Intervallen, dass es wie eine Andacht ist, ein tiefes Eintauchen in die Zeit, gelegentlich angeregt von einem Beat, ein Genießerkopf, der sagt: „Das ist gut." Ein schweres Glück, man selbst zu sein, gezierte Autoerotik. Mick ist schneller, nervöser, ein Fisch auf der Sandbank, er hängt am Rhythmus wie an einem Faden, fast zwanglos, und dieses Nicken ist ein faktisches Ja wie auch ein Befehl, den er sich und den anderen gibt.

Jajajajajaja.

Gimme Shelter, größter Film der Welt. Konzert im Madison Square Garden, 27. November 1969. Mick und Keith sind allein auf der Bühne, sitzen auf Barhockern und spielen *Prodigal Son*. Keith schlägt die Saiten, und Mick macht die ernste Clownsstimme nach, die man auf Vinyl hört. Eine Strophe, ein Refrain, alles läuft gut. Ein magischer Moment, könnte man sagen, wenn man diese Art Wörter im Munde führt. Man sagt aber nur: Mick und Keith. Und dass sie nie wieder so groß sein werden. Noch eine Strophe, noch ein Refrain, Mick bereitet sich, der Partitur entsprechend, auf eine neue Runde vor, doch Keith beschließt, in diesem Moment zum Schluss zu kommen. Hat er genug? Hat ihn ein Heroin-Flash verwirrt? Findet er, dass das Stück die Vollkommenheit erreicht hat und nur schlechter werden kann, wenn es bis zum Ende gespielt wird? Mick fragt das alles nicht. Eine Millisekunde Verblüffung, und dann gleich: Alright. Alright, Keith, alles gut, alles recht, du willst da aufhören, also hören wir da auf. Du willst mir nicht erklären, warum. Kein Problem, alles, was du willst, dein Plan ist meiner, eure Wünsche sind meine, zu all euren Klagen sage ich

Alright.

Zehn Jahre lang hat Mick zu allem Ja gesagt, begabt für das Leben wie der Affe für die Liane. Im Namen des Lebens ist Mick nicht ganz moralisch, denn das Leben ist teilweise größer als die Moral. Im Namen des Lebens geht Mick nicht ganz in der Musik auf, denn das Leben ist teilweise größer als die Musik. Im Namen des Lebens hat Mick nur einen Fuß in der Kunst, denn das Leben ist teilweise größer als die Kunst. Im Namen des Lebens hat Mick nie gefixt, denn die Droge, die anfangs Türen öffnet, schlägt später andere zu und wird von der Lebensspenderin zur Hausiererin des Todes. Immer mit einem Fuß auf festem Boden, dieser Mick, und von ein paar autonomen Neuronen vierundzwanzigmal pro Sekunde mit der alltäglichen Schönheit der Welt vernietet. Lieber auf den inneren Taumel verzichten als auf das reiche tatsächliche Leben. Selbst in der wüsteten Ausschweifung geht Mick nicht so unter wie Keith. Er gibt keinen Boden preis. Er bleibt der Linie treu. Er wirft nicht einfach hin. Er wird zehn Jahre Hochzeit mit dem Lebendigen nicht besudeln. Bis zur Scheidung

69.

69 inklusive oder exklusive? In der Hochzeit oder in der Scheidung inbegriffen? *Both*. 69 ist Krönung und Absetzung zugleich, das macht seine Größe aus. Eine Apotheose mit der ihr innewohnenden Zweischneidigkeit. Ein Moment des Glanzes und der daraus folgenden Selbstverbrennung ... Jedes Jahr des Jahrzehnts hat eine Farbe: 69 ist rot, die finale Glut, das letzte Aufflackern der Flamme am Ende des Streichholzes.

Tot, was heißt tot? Wie tot? Warum tot? Weil Marianne Anfang des Jahres eine Fehlgeburt hat? Weil sie dem Heroin verfällt und ihn dann verlässt? Weil Spannungen die größte Band der Welt zu zerrütten beginnen? Weil Brian im Swimmingpool untergeht? Lauter falsche Fährten. Der Mörder ist ganz woanders. Wenn du die Epoche auf den Schultern trägst und sie dich auf ihren, wird ein totes Kind dich nicht killen. Wenn du aber ausschließlich den Geist deiner Zeit atmest, stirbst du an ihrem Vergehen. Sie trägt dich, du trägst sie, man trennt euch, und ihr seid tot.

T.O.T.

Let It Bleed, ganz am Ende des Jahres erschienen, ist von diesem Doppelcharakter geprägt. Immer noch da, immer noch mitten in der Welt wie *Beggars Banquet* im Jahr davor: genauso explosiv, hartnäckig elektrisch und doch etwas weggerückt vom Zentrum, leicht separatistisch, ein Anflug von Selbstbezogenheit. Da ist natürlich *Gimme Shelter*, größter Song der Welt, da ist *Midnight Rambler*, größter Song der Welt, da ist *Monkey Man*, größter Song der Welt – alle genial und irgendwie lahm, hinreißend linkisch.

Tendenziell affenartige Meisterschaft. „I am just a monkey man and I'm glad you are a monkey woman too." Aber dann kommt noch dieses *You can't always get what you want*, das den Applaus beendet und damit das letzte Wort hat, dummerweise ein Meisterwerk. Diesmal uneingeschränkte Meisterschaft, nicht affenartig, eine noch nie erreichte Harmonie bei den fünf Musikern, alles passt perfekt, der London Black Choir im Hintergrund, das Orchester und alles: Man macht große Musik, man macht Kunst, man ist komplett am Ende.

E.N.D.E.

Heiß und kalt – *Let It Bleed* 1969 strahlt beides aus. Ein Fuß in diesem Jahrzehnt, der andere schon im nächsten. Auf der Vorderseite des Covers posiert die Band auf einer Hochzeitstorte, auf der Rückseite ist ein Stück vom Kuchen abgeschnitten und das Ganze zusammengekracht. Da sagt Mick etwas und dort das Gegenteil. Da: „You can't always get what you want." Dort: „But if you try sometimes well you might find." Hier: „If you want it you can bleed on me." Dort: „Gimme some shelter or I gonna fade away."
Gimme Shelter. Ich habe schon darüber gesprochen und werde

weiter darüber sprechen, mein ganzes Leben lang bis zu meinem Tod. *Gimme Shelter*, das erste Stück auf *Let It Bleed.* Nach dem Konzert von Altamont erschienen, aber davor geschrieben. Das ist wichtig zu wissen. Es ist wichtig, weil es verblüffend ist. Mick hat sein Ende vorausgeahnt, er war das weltliche Orakel seines weltlichen Schicksals. Mick hat unwissentlich wissentlich den Schlüssel zum Rätsel, die Chiffre des Dramas im Voraus geliefert. *Gimme Shelter* – das ist es, was er auf der Bühne hauptsächlich sagen oder denken wird, wenn die Ereignisse verrückt spielen. Dieser Song nimmt sein Verschwinden vorweg. Nach und nach überdeckt die entfesselte Stimme Mary Claytons sein sonst so souveränes Organ, und dann sind da nur noch diese Worte, die denen so ähneln, die er am Abend seines Todes vergeblich wiederholen wird, um das Publikum zu beruhigen – Worte eines ihm kaum vertrauten Genres, so gar nicht Daddy Cool: „I told you love, sister."

Gebt mir Obdach.

Oooh, ein Sturm bedroht mein klägliches Leben. Wenn ich heute kein Obdach finde, bin ich hin. Dass er das schreibt und singt, verrät Micks Vorahnung, dass er es bald nicht mehr ertragen wird aufzutreten, weil er Angst hat. In Altamont hat Mick zum ersten Mal Angst, und daran stirbt er. Es ist ja nicht so, dass zuerst die Angst da ist und dann der Tod. Die Angst selbst ist der Tod. Angst heißt, du brichst den Vertrauenspakt, der dich ans Leben bindet, und damit das Leben selbst.

Jetzt ist es Zeit zu sagen wie und warum.

Im Oktober 69 stürzen sich die Stones in das Chaos einer US-Tournee. Drei Jahre lang sind sie nicht mehr dort gewesen – als sie über den Ozean fliegen, sind sie in Feierstimmung. Und es wird tatsächlich ein Höhepunkt, der im Jahr darauf in die Rillen von *Get Yer Ya-Ya's Out*, dem besten Live-Album der Welt, gepresst wird. Das postume Album enthält die beiden Auftritte am 27. und 28. November im Madison Square Garden. Die dabei waren sagen, die Stones seien noch nie so kraftvoll gewesen.

Ich war dabei, und ich sage das gleiche.

In der Euphorie dieser ruhmreichen Tournee schlagen einige begeisterte Journalisten Mick Jagger vor, ein Gratiskonzert zu organisieren. Das wäre gut, die Karten sind einfach zu teuer, so müsste man sich einmal nicht beschränken. Mick sagt nicht sofort Ja. Wagt sich nicht vor. Will das Problem überdenken. Überdenkt es.

Und verkündet etwas später sein Ja, okay. Sie machen es, das *Free Concert.* Am Ende der Tournee, am 6. Dezember, eine Art Abschlussparty nach dem Ferienlager. „Das Konzert ist nur ein Vorwand“, erläutert Mick. „Es ist für alle die Gelegenheit, eine schöne Zeit zu haben, zusammen zu sein, zu diskutieren und zusammen zu schlafen, herumzualbern und wirklich auf dem Trip zu sein, eine tolle Nacht unter freiem Himmel und einen schönen Tag zu verbringen.“ Mick will über die Musik hinaus, er will etwas, das wichtiger ist als die Kunst, Mick will ein Freudenfest. Er kann ja nicht damit rechnen, dass es genau das Konzert zuviel sein wird, das für die Messe noch fehlte.

Der Ort: Westküste, Ende der Reise, Ende des Siegeszugs, während der Western gerade ausstirbt und die Cowboys zu Farmern werden. Genauer gesagt, bei Altamont in der Gegend von San Francisco. Unter freiem Himmel, als Gegengewicht zu Woodstock, wo die Stones nicht mit dabei waren. Und die tausenden Menschen, die zu Fuß über die Felder zur Bühne strömen, sind tatsächlich ein visuelles Echo der Feier des letzten Sommers. Dieselbe Jahrmarktstimmung, dieselben Massen Langhaariger, die sich zwischen zwei Hügeln sammeln. Trotz etlicher Kilometer zu Fuß nach Kilometern im Stau ist die gute Laune anscheinend nicht totzukriegen. Ihr, die ihr nicht dabei wart, weil ihr nie da seid, wo man sein muss, könnt das ja überprüfen: In *Gimme Shelter*, dem größten Dokumentarfilm der Welt, ist das Ganze für die Ewigkeit bewahrt. Anfangs werdet ihr eine ruhige Menge in der Dezembersonne sehen, die ein schwaches Licht auf die dünnen Pullover wirft. Dann werdet ihr sehen, dass die Harmonie nicht von Dauer ist, und dass auch große Jahrzehnte sterben.

Probleme sind im Anmarsch; ein Adler kreist wie ein schlechtes Omen über der von der Menschenmenge besetzten Wüste. Der Cheforganisator zerreißt sich, um alles hinzukriegen. Eigentlich ganz normal, aber es sind die nervösen Gesten eines Mannes, der vor allen anderen das Drama ahnt, seine Vorahnung jedoch verschweigt, weil er sie nicht wahrhaben will. Er fordert die Leute über Megafon auf, von den Boxentürmen zu steigen. Vergeblich. Die Menge wird renitent, eine elektrische Spannung liegt in der Luft, eine Art Lust, sich zu schlagen. Aber warum auf einmal? Zu groß geworden, von der eigenen, im gespannten Auf und Ab des Jahrzehnts gewonnenen Macht überfordert.
Daher dieses Oxymoron: schlechte Energie. Schlechte Energie

fließt durch die Nervenbahnen dieser Menge. Todesschauder. Verbrechen liegt in der Luft wie der Unfall bei einem immer schneller werdenden Auto. Von 1960 bis 1969 sind Mick und seine Band und der ganze Rock wie ein Auto, das immer schneller wird, und an diesem Abend fährt diese ganze schöne Welt

gegen die Wand.

Als die Stones die überbelichtete Bühne betreten, hat es unten im Kessel der Leute, die direkt auf dem Hügel sitzen, schon Stunk gegeben. Die Hell's Angels, als Ordner engagiert und mit Bier

bezahlt, sind mit ihren Harleys hintereinander mitten in die Menge gefahren, und offensichtlich ging es ihnen dabei nicht um die Ordnung. Sie spalteten die Menge, zerrissen die Einheit, schauten die jungen Leute, denen all diese Seltsamkeiten nicht gefielen, über ihre Schnauzer herablassend an, und von da an misstrauten die beiden feindlichen Lager einander. Die Hell's Angels schafften es sogar, während der langen *Flowers*-Variationen den sich unverschämterweise einmischenden Sänger dieser Jefferson-Airplane-Hippies zu verprügeln. Packte die Menge deshalb die Wut, oder haben die Hell's Angels nur den schon vorher schwelenden Brand angefacht? Alles, was man weiß und sehen kann, und ihr könntet es selbst sehen, wenn ihr neugierig wärt, ist, dass der Mord schon in der Luft liegt, als Mick das Mikrofon zur Hand nimmt. Mick sieht nichts. Er hat keinen Blick dafür. Ihm wurde gesagt: „Heute Abend wird's heiß." Er hat gesagt: „Umso besser." Ihm wurde gesagt: „Heiß im Sinne von gefährlich!" Er hat gesagt: „Dann lenke ich den Abend eben in die andere Richtung, Richtung Leben, denn in mir brennt ein Freudenfeuer." Noch in diesem Moment ist Mick davon überzeugt, dass die Menge als Menge grundsätzlich gut ist.

Diese aber nicht.

Ein Song, eine Unterbrechung, ein Song, eine Unterbrechung, Mick hat Keith ins Ohr gebrüllt, er soll die Gitarre abschalten. Unaufhörlich gehen Wellen der Unruhe durchs Publikum, als würden überall Feuer ausbrechen, mal rechts, mal links, keiner blickt da mehr durch. Bei *Sympathy For The Devil* ein dumpfer Knall. Wie die Probe für den Schuss, der wenig später den Himmel der sechziger Jahre zerreißt. Vorher wird ein Typ von den

Hell's Angels mit einem Billardqueue verprügelt und dann zusammengetreten. Er wird gerade noch rechtzeitig behandelt. Ein anderer wird an seiner Stelle sterben, denn einer muss wohl dran glauben.

Trotzdem Vorsicht.

Vorsicht beim Spiel mit Ahnungen und Vorboten, alles Kaffeesatz. Vorsicht auf dem Jahrmarkt der Symbole. Hell's Angels – schon der Name lässt uns an alles Mögliche denken. Wir sind so erzogen, die Literatur ist unser täglich Brot, seit wir Kinder waren, stecken wir in diesem Sumpf. Schicksal und so'n Zeugs. Gottes Finger. Strafe tralala. Es stimmt ja, dass die Gnade kurz ist, dass sie manchmal mitten im Flug aussetzt, und das ist in Altamont, Kalifornien, passiert. Kein Grund, so zu weinen, sie kommt ja doch immer wieder. Hat sie sich seitdem wieder gezeigt, die Gnade?

Das frage ich euch.

Prügel, Prügel und nochmals Prügel. Keith legt einen bleiernen

Start hin, geht zum Bühnenrand und zeigt mit dem Finger auf einen möglichen Unruhestifter. Als würde die Unruhe von einem Einzigen ausgelöst. Mick beruhigt ihn, er setzt darauf weiterzumachen, er will sich noch nicht eingestehen, dass eine Menge bösartig sein und sich seinem Charisma entziehen kann. Bald begreift er nichts mehr. „Who's fighting and what for?", fragt er und ein Stück später: „I don't know what's going on and who's doing what." Er, der ausgemachte Pyromane, ruft nun zur Ruhe auf. Er, die tanzende und zum Tanzen treibende Maschine, verlangt, dass sie sich hinsetzen. Sagt aber dazu, dass das nicht zur Regel werden soll. Spricht die, die er sonst mehr oder weniger spielerisch dazu auffordert, Vater und Mutter zu töten, mit „Brothers and Sisters" an. Führt nur noch das Wort „Peace" im Mund – er, der sich in *Sympathy For The Devil* rühmt, sämtliche Kriege angezettelt zu haben. Nicht wiederzuerkennen. Vom Motor ist Mick zum Bremser geworden, aber er richtet nichts mehr aus, sein getanzter Gesang kann keinen Gegenwind auslösen. Er versucht zwar, die Maschine wieder anzuwerfen, schnalzt mit den Fingern, wedelt mit den Armen, wie nur er es kann, ruckt zu jedem Beat mit dem Kinn und will doch nur Jajajajaja sagen aber

diesmal spielt sein Körper nicht mehr mit. Sein „Alright" nach *Under My Thumb* ist nur noch autosuggestiv, er überzeugt niemanden mehr, reißt keinen mehr mit – abrakadabra der Macht enthoben, der Zauberstab zersprungen wie eine Feder, die Triebfeder eines ganzen Lebens, die dynamische Verbindung mit einer Menge zu Ende. Nichts ist mehr gut, nichts ist mehr recht, die Moral ist dahin, das Spielzeug kaputt, Mick kann nicht mehr spielen.

Etwas ist kaputtgegangen.

Bei *Under My Thumb* ist etwas passiert, das den fünf Musikern erst hinterher klar wird. Erst als sie sehen, was von dem Vorfall zurückbleibt: ein Loch in der Menge, schlecht gestopft nach einem neuen, anscheinend noch schlimmeren Scharmützel, das noch mehr Wütende angelockt hat. Doch von der Bühne aus haben sie nichts gesehen. Eine Schlägerei zweifellos, doch wer gegen wen und warum? Was geht da überhaupt vor und wer tut was? Keiner weiß es. Als Mick danach erfährt, dass genau in diesem Moment ein Mann gestorben ist, sagt er: „Das war sehr lehrreich für mich. Man sollte nichts machen, ohne alles selbst zu kontrollieren. Ich werde niemandem mehr vertrauen. Wir müssen auf jede Kleinigkeit achten, bevor wir irgendetwas unternehmen."

Ich werde niemandem mehr vertrauen.

Mick wird der Menge nie verzeihen, dass sie ihm an diesem Abend Angst eingejagt, dass sie ohne Vorankündigung die Abmachung gebrochen hat. Nun will er die Dinge selbst in die Hand nehmen, beherrschen, kontrollieren, abschließen, verriegeln. An einem Abend in Altamont, nach neun Jahren rasender Geschwindigkeit und blindem Vertrauen – Vertrauen ist immer blind – wacht Mick auf und sagt sich, ich bin mitten in einem Hexenkessel. Völlig bescheuert, mich so der Gefahr auszusetzen. Die Welt ist verrückt, und wenn ich mich darauf einlasse, werde ich genauso verrückt, ich muss ein Obdach finden, sonst werde ich noch vernichtet. Doch es ist die Vorsicht, die ihn vernichtet, das Gegenmittel, das ihn umbringt.

Du hattest Vertrauen, nun hast du keines mehr. Du hattest nie

Angst, jetzt hast du Angst. Die Anderen waren deine Vorsehung, jetzt sind sie dein Fluch. Du bist misstrauisch geworden. Übernimmst die Kontrolle über die Abläufe, feuerst den Manager und ziehst deinen eigenen Laden auf. Von nun an handelst du selbst deine Verträge aus, keiner schreibt dir mehr was vor, nichts wird dir je mehr entgehen, nichts wird dir je mehr entgehen, nichts wird dir je mehr entgehen: kein Schnitzer, keine Ungeschicklichkeit, keine Geschmacklosigkeit, aber auch keine Gnade, du bist unfehlbar, du machst keine Fehler, du bist in jedem Moment vollkommen du selbst. Du erfindest ein Logo nach deinem Bild, eine ausgestreckte Zunge wie deine, alles ist nach deinem Bild, du bist ein kleines Geschäft und hältst dich selbst am Laufen, bildest Kapital, deine Konzerte sind Spektakel und keine Shows mehr, alles muss dabei perfekt sein, du umgibst dich mit vielen starken und unfehlbaren Musikern, du mauerst dich ein, lässt dir ein Haus bauen, wo man einen Code braucht, um reinzukommen, und nach dem Code muss man mit dir über eine Gegensprechanlage sprechen: Du bist geschützt, jetzt hast du das Obdach, das man dir bitte, bitte geben sollte, und bist von allem abgeschnitten. Du bist tot. Neben dem Klingelschild steht dein Name, denn du hast einen Namen, einen Namen, der ganz und gar du ist, du bist nur noch dieser Name, du bist ein Mann, das ist es, du bist ein gemachter Mann und sitzt in der Falle. Jetzt bist du befriedigt, endlich hast du die Befriedigung erreicht, dir stößt nichts mehr zu, weder Gutes noch Schlechtes, du bist befriedigt, endlich hast du die Befriedigung erreicht, war auch Zeit, war schon eine Minute vor dem Zusammenbruch, du konntest diese Welt nicht mehr ertragen, die Leute, das Volk um dich herum, das Leben ausschwitzt, du hattest nicht mehr die Kraft, das auszuhalten, selbst deine Freunde hattest du satt, weil man mit ihnen reden muss, gestikulieren und zuhören, man muss akzeptieren, dass man getrieben wurde, man muss leben, und du bist tot.

Du bist müde.

Du spielst weiter an diesem Abend in Altamont, Kalifornien. Das ganze Programm. *Little Queenie*, *Street Fighting Man* und sogar den *Midnight Rambler* mit seinem Messer, das sich tief in den Hals von Jack The Rippers Opfern bohrt – du hättest es gar nicht besser sagen können. Alle Hits, alle Knaller, die du im Lauf des Jahrzehnts komponiert hast – doch alle Mühe ist vergebens. „The Show must go on“, sagen die Dummen. Aber die Show geht nicht weiter. Im Graben vor der Bühne dreht ein nacktes Mädchen durch und entgeht gerade noch den strafenden Fußtritten der Hell's Angels. Mick verlangt, dass man sich um sie kümmert, aber niemand kümmert sich um sie. Er verlangt, dass die Scheinwerfer auf die Menge gerichtet werden, wie er es gern tut, um die fröhlichen Gesichter zu sehen, aber keiner lächelt. Er bittet die unverheirateten Mädchen, den Finger zu heben, aber nur drei Finger sind zu sehen, wo sonst ein ganzer Wald ist. Die Menge hat keinen Spaß mehr, die Erotik ist weg, weit fort geflogen, und hat sie sich seitdem wieder auf eine menschliche Schulter gesetzt? Ist sie neu erblüht, die Erotik?

Das frage ich euch.

Und da ihr nicht antwortet, machen wir weiter mit *Gimme Shelter*, dem größten Film der Welt, und gehen mit dem letzten Rest eurer Kraft in die letzte Viertelstunde. Das Konzert von Altamont ist vorbei – ein Tornado. Es ist ein paar Tage, vielleicht ein paar Monate später. Jedenfalls nach der Tournee, nach dem Tumult, zurückgezogen im Filmstudio. Die Dokumentarfilmer zeigen den Stones den Rohschnitt ihrer US-Tournee. Mick sitzt vor dem

Monitor und kann für ein paar Minuten den Blick nicht mehr davon lösen. Lächelt kein einziges Mal, ist nicht wiederzuerkennen. Diesmal kann man wirklich sagen, er schmollt. Schlecht sieht er aus, mitgenommen, die Haare ungepflegt, aber ohne Stil. Vor Müdigkeit verwahrlost. Er ist müde. Das ist das erste Mal, dass er müde ist.

Er sieht sich zu.

„Ich habe noch nie die Stones auf der Bühne gesehen", sagte er noch vor kurzem lachend in einem Interview zu seinen Lebzeiten. Jetzt sieht er sie. Direkt vor sich. Und das tötet ihn noch ein zweites Mal. Im selben Jahr wird er in zwei Filmen auftreten, *Performance* und *Ned Kelly*. Etwas wollte, dass 69 zum Jahr der Rückbesinnung wurde. Über acht Jahre lang ist man sich selbst hinterhergelaufen, jetzt fängt man sich wieder, macht sich's in einer Einstellung bequem, kontrolliert sich im Monitor, man überwacht sich und identifiziert sich, war selbst ein Bild und verdoppelt sich jetzt, man beurteilt sich, erschrickt vor sich oder bewundert sich, aber in beiden Fällen erkennt man sich wieder, man weiß, was man tut, man weiß, was man ist, man ist tot.

Den Filmleuten reicht es nicht, ihn identifiziert zu haben, seinen Namen für immer auf Zelluloid gebannt zu haben. Sie zwingen ihn zu einem Standbild. Tod zum Quadrat. Und was zeigt das Bild der Menge in Altamont, das ein paar Monate früher verewigt wurde? Was verrät der Zoom, wenn man ein Detail aus dem tobenden Publikum heraushebt und vergrößert? Wie in *Blow Up* von 1966 kann man einen chromblitzenden Revolver erkennen, der bei normaler Geschwindigkeit unsichtbar ist. Das war fatal. Das angehaltene Bild ist tödlich für den Rock, der, wie der Name schon sagt, Bewegung ist. Der Revolver, den das Anhalten des Films enthüllt, ist nur die symbolische Darstellung dieser Wahrheit.

Im Rock bedeutet jeder Stillstand den Tod.

Das amerikanische Kino der Siebziger wurde in zehn Jahren nicht damit fertig, über diese Entdeckung nachzugrübeln und all ihre unseligen Konsequenzen zu ermessen: Nicht alles war fröhliches Spektakel, glitzernde Show, allgemeine Zurschaustellung, Manifestation/Demonstration. Da war eine Tiefe, die fast zwangsläufig einen Mord enthüllte. Man hatte auf die Oberfläche gesetzt und war gescheitert. In Zukunft würde man es sicher noch einmal probieren, doch diesmal war man gescheitert. Wurde es später noch einmal probiert?

Das frage ich euch.

Man muss hinzufügen, dass sich auf dem Todesbild ein Mann mit einem Revolver in der Hand aufrichtet. Ein Mann, den man dank des Standbilds genau beschreiben kann. Er trägt einen dunklen Anzug, ein schwarzes Hemd und einen schwarzen Hut. Und was will er, dieser Mann, der sich von der kompakten und immer erregteren Masse abhebt? Was hat er vor, als er mit dem gezückten Revolver zur Bühne geht? Wahrscheinlich will er Mick töten. Aber warum? Ist er sein Feind, will er die Verbitterten aller Länder rächen, die von der souveränen Oberflächlichkeit dieses ewigen Jasagers zehn Jahre lang erniedrigt wurden? Ist er sein Freund, spürt er, dass die Geschichte des Jahrzehnts sich ihrem natürlichen Ende nähert und ein Ende mit Schrecken besser ist als ein Schrecken ohne Ende? Man wird es nie erfahren. Auch wenn man die Bilder noch einmal vor sich ablaufen lässt. Kaum hat sich der

Bewaffnete von der Menge gelöst, stürzt sich eine Horde besoffener Hell's Angels auf ihn. Ein paar Minuten später stirbt er. Woran genau? Er wird anscheinend von einem Messer getroffen, entkommt kurz den Klauen seiner Mörder, wird wieder eingefangen und von einer zweiten Klinge durchbohrt. Jetzt liegt er auf dem Boden, sie treten mit Stiefeln auf ihn ein, trampeln auf ihm herum, rammen ihm einen Mülleimer aus Metall in die Fresse. „Ich wollte euch nicht abknallen!" Waren das wirklich seine letzten Worte, wie machtlose Zeugen behauptet haben?

Man wird es nie erfahren.

Immerhin weiß man dreierlei. Erstens: Der Mann hieß Meredith Hunter, doch das ist nicht so wichtig, er ruhe in Frieden. Zweitens und drittens: Er war achtzehn und schwarz. Zwangsläufig. Es konnte nicht anders kommen. Meredith Hunter, der in der Nacht vom 6. auf den 7. Dezember 1969 in Altamont ermordete Mörder Mick Jaggers, musste jung und schwarz sein. Man verzeihe mir die mythologische Entgleisung, aber große Zeiten haben es an sich, dass das kleinste Detail zum Emblem wird. Es musste so sein, dass der Mörder des jugendlichsten Jahrzehnts der Weltgeschichte selbst jung war. Ungefähr im gleichen Alter wie Mick, als der im Bahnhof von Dartford aus der Vereinigung eines Zuges mit einer Menge gezeugt wurde. Und vor allem musste er dunkelhäutig sein wie Chuck (Berry), Muddy (Waters) und Little (Richard). An diesem Abend ist der schwarze Teil von Mick erstickt. Das heißt, seine Nichtübereinstimmung mit sich selbst als kleiner Weißer – eine Abweichung, die ihn zum Laufen und Tanzen brachte – während es nun darum ging, sich wieder zu fangen, sich zu rekonstruieren und sich eine volle, ungemischte Identität neu aufzubauen. In Altamont haben die ultraweißen Hell's Angels Mick vor den Kugeln des jungen Schwarzen Meredith gerettet, so kann man die Katastrophe zusammenfassen. Nach seiner Ankunft sagte Mick: „Ich werde mich nach dem Konzert nicht von den Bullen zum Heli bringen lassen." Nach dem Konzert ließ er sich von den Bullen zum Heli bringen. Einmal kommt der Moment, wo du auf die Seite der Ordnung wechselst. Wenn der hybride Einschub vorbei ist, lebst du künftig in sicherer, schneeweißer Gesellschaft.

Ende von *Gimme Shelter*, dem größten Film der Welt. Nachdem er den Kelch bis zur Neige geleert hat, steht Mick auf, und was sagt er? „Alright.“ Wie immer. Also ist alles wieder wie vorher? Wir werden überleben, wir werden auch die Siebziger in die Tasche stecken, wir sind unsterblich? Neinneinneinneinnein! Dieses „Alright“ klingt nicht wie die tausenden anderen, die Mick zwischen 1960 und 1969 auf die Menge losgelassen hat. Er sagt zwar „einverstanden“, aber nicht aus demokratischer Treue zu dem, was vor ihm da ist. Sondern aus Resignation. Einverstanden, ich stimme dem zu, ich nehme das Urteil an, ich habe verstanden, ich habe begriffen, ich sehe es ein, ich weiß schon. Ich weiß schon, was ich zu tun habe. Ich weiß schon, dass ich aufhören muss, ich muss nach Hause gehen und Obdach finden. Wir sind gut dieses Mal, wir machen genauso weiter, okay, das machen wir, alles gut, alles vollendet, alles vorbei.

Dies ist ein Rockbuch
Besuchen Sie uns im Internet:
www.rockbuch.de

Rockbuch ist ein Imprint der edel entertainment GmbH

Originalausgabe erstmals erschienen 2005 bei naïve, Frankreich, unter dem Titel: *Une démocrate, Mick Jagger, 1960–1969*

Übersetzung: Brigitte Große
Lektorat: Niclas Dewitz
Gestaltung & Satz: Johannes Steil
Einbandgestaltung: Alexander Mertsch
Projektkoordination: Dr. Marten Brandt

ISBN 978-3-927638-48-8
Printed in Germany